史记故事

本丛书编委会◎编

SHIJI
GUSHI

BENCONGSHU
BIANWEIHUI BIAN

世界图书出版公司
广州 · 北京 · 上海 · 西安

图书在版编目（CIP）数据

史记故事 /《青少年必读丛书》编委会编著 . —广州：广东世界图书出版公司，2009. 12（2024.2 重印）
（青少年必读丛书）
ISBN 978 - 7 - 5100 - 1475 - 8

Ⅰ. ①史… Ⅱ. ①青… Ⅲ. ①中国—古代史—纪传体—青少年读物 Ⅳ. ①K204. 2 - 49

中国版本图书馆 CIP 数据核字（2009）第 216983 号

书　　名	史记故事 SHIJI GUSHI
编　　者	《青少年必读丛书》编委会
责任编辑	钟加萍　张梦婕
装帧设计	三棵树设计工作组
出版发行	世界图书出版有限公司　世界图书出版广东有限公司
地　　址	广州市海珠区新港西路大江冲 25 号
邮　　编	510300
电　　话	020-84452179
网　　址	http://www.gdst.com.cn
邮　　箱	wpc_gdst@163.com
经　　销	新华书店
印　　刷	唐山富达印务有限公司
开　　本	787mm × 1092mm　1/16
印　　张	13
字　　数	160 千字
版　　次	2009 年 12 月第 1 版　2024 年 2 月第 10 次印刷
国际书号	ISBN　978-7-5100-1475-8
定　　价	49.80 元

前言

Qing shao nian bi du cong shu

司马迁，字子长，陕西韩城人，西汉著名史学家、文学家。生活在西汉武帝时代，家中世代为史官。司马迁10岁开始学习古文，敏于思考，对典籍中的历史人物和事件有独到的见解；后来跟随父亲到长安，先后拜董仲舒、孔安国为师。20岁起满怀求知欲望，四处游历，考察民俗，采集传说。不久任汉武帝侍卫和扈从，多次西巡。后来继承父亲职位，任太史令，掌管天文历法和皇家图籍。在任职期间，和他人一起编写《太初历》，并开始着手编写《史记》。后因李陵事件获罪下狱，被施以宫刑。这不仅摧残了司马迁的身体和精神，也极大地侮辱了他的人格，使得司马迁一度想到了自杀。但想到父亲交给自己写《史记》的任务没有完成，有感于孔子、屈原、左丘明和孙膑等人的奋发故事，决定为完成父亲遗愿发奋著述。最终历经十几年的艰辛，完成了《史记》的编撰。

《史记》是中国历史上第一部以写人物为中心的纪传体通

史，同时也是一部伟大的传记文学巨著。它记载了从黄帝到汉武帝长达3000年的政治、经济和文化的历史，比较全面而深刻地反映了我国古代的社会面貌。它既实录了历史现实，又具有相当高的文学价值，塑造了众多性格鲜明的人物形象，代表着古代历史散文的最高成就。被鲁迅誉为“史家之绝唱，无韵之《离骚》”。

《史记》规模宏大，全书共130篇。内容涉及帝王、将相名臣、王侯贵戚及不同类型、不同阶层的人物，最后一篇为《太史公自序》。司马迁把这些历史人物和历史事件描绘得如此生动，所有的事情好像刚刚发生过一样，让人如读一份记录中国历史的报纸。由于篇幅所限，本书节选了《史记》中广为传颂的一些人物故事，例如尧舜禅让、卧薪尝胆的勾践、知错就改的廉颇、坚持理想的孔子……选材及改写立足于增长知识，同时力求启迪智慧，教人向善。

目录

Contents

1

炎帝与黄帝

很久很久以前，在我国长江、黄河流域一带，生活着我们华夏民族的共同祖先，他们就是神农氏炎帝和轩辕氏黄帝。

炎帝从小就十分聪明伶俐，而且充满爱心，别人遇到困难，他总是全心全意去帮助，部落里的人都非常喜爱他，就推选他作为首领，历史上都称他为炎帝。

炎帝做了首领之后，特别关注部落成员的生活。在他生活的那个时代，人们主要依靠采集植物果实和捕鱼打猎获取食物。但是，随着人口的日益增加，依靠这两种办法得到的食物，渐渐无法养活部落中的所有人。终于，可怕的一幕出现了：有些人由于吃不饱肚子，说起话来有气无力，走起路来踉踉跄跄的；还有些人由于没有食物吃而饿死了。

神农氏看到这幕情景十分着急。他决心想出一个好办法来，让自己部落里的男女老少都能填饱肚子。他开动脑筋，想啊想啊，终于想出了一个好办法：他用石头和木头制造了一种叫做耒耜的器具，让人们用它开垦出一块块土地，然后把一些果实的种子撒到土里，并往土里浇水。几天之后，地里就冒出了许多嫩绿的幼苗。又过了一段日子，嫩绿的幼苗长大了，结出了许多小小的果实。到了秋天，这些果实成熟了，人们就去把它们全部采下来。用这种办法得到的果实非常多，堆在屋子里，就像小山一样，一个冬天都吃不完。

但是，吃饱了肚子的人们仍然不能抵挡疾病，他们常常不能健康地生活到老年，疾病随时会夺去他们的生命。

有一年,疾病流行,部落里死了好多人。神农氏非常悲伤。可是,那时候的人们还不懂得用药物医治疾病,所以他只好眼睁睁地看着人们因为生病而痛苦挣扎,并可怜地死去。更为不幸的是,最后,神农氏本人也染上了疾病,肚子疼得厉害。为了忘记疼痛,他从地上扯起一大把不知名的野草放进口中嚼个不停,并把嚼出来的苦涩的草汁吞进肚子里。过了一会儿,奇迹发生了:他的肚子居然不疼了。神农氏感到很诧异,他又扯起一把相同的野草,让另一个病人嚼碎吞下肚去。结果,那个病人的肚子也不疼了。神农氏由此发现:有些植物可以用来治病。

为了搞清楚究竟有哪些植物可以用来治病,神农氏连续品尝了数百种植物。而这些植物的效用又各不相同:有的对他的身体没有任何伤害;有的会使他头晕眼花;有的会令他上吐下泻;有的会令他昏迷多时。据说有一次,神农氏品尝的一种野草含有剧毒,使他昏迷了十多天,差一点要了他的命,而他却不顾危险,仍然去尝试各种植物。一次,他吃了一种叫断肠草的植物,由于这种植物有剧毒,他不久中毒死亡。人们都十分伤心,为了纪念他为农业做出的巨大贡献,人们都尊称他为神农氏。

炎帝之后,少典部落又产生了一位杰出的领袖,他就是黄帝。

黄帝本姓公孙,后来又改姓姬,名叫轩辕。他的出生充满了神奇的色彩。相传,轩辕的母亲在夜间经过一片原野的时候,突然看见一道美丽的闪光,环绕着北斗的天枢旋转,她受到很强的刺激,回到家后,就怀孕了,怀胎足足二十四个月才生下一个男孩。这男孩额头中央凸起,形状就像一轮光芒四射的太阳。更令人惊奇的是,男孩出生才七十天就能说话,很小的时候就特别聪明机灵,长大后诚实勤奋,见多识广,明辨是非,天生就有一副英雄的气概,没有人能比得上他。

这时,炎帝部落也离开原来生活的姜水领域,进入了河南省的西南部,最后到达今天的山东省境内。炎帝部落在迁移的过程中,与原来生活在那里的一个强大的部落发生了激烈的冲突。这个部落的首领是蚩尤。他不但长得面貌凶恶、身高体壮，而且力大无比，骁勇善战。据说他有八十一个兄弟。他带领他的兄弟和子民，与炎帝部落进行了多次战斗，几乎每次都将炎帝打得落花流水。炎帝屡战屡败，被迫带领自己的部落逃到涿鹿一带，向轩辕求援。

轩辕是一位雄心勃勃、智勇双全的部落首领。他看到炎帝向自己求救，略加思考之后，同意帮助炎帝打败蚩尤部落，但他提出一个条件：就是让炎帝部落和自己的部落组成联盟，由自己担任首领，由炎帝担任副首领。炎帝急于向蚩尤报仇，就一口答应下来。

经过一番整顿后，炎、黄两个部落组成了一个部落联盟，实力大大超过了蚩尤的部落。就在此时，蚩尤为了彻底消灭炎帝部落，率领一队人马也来到了涿鹿。轩辕立即统率一支精兵迎战。两支人马在涿鹿的荒野上遭遇后，展开了一场惊天动地的混战。混战的结果是蚩尤部落大败，他本人被活捉。这就是古书上记载的“涿鹿之战”。

轩辕消灭了蚩尤之后，威名远扬。一时间，蚩尤部落剩下来的民众和黄河流域的其他部落纷纷加入炎黄部落联盟，并一致拥护轩辕担任新组建的部落联盟的领袖。但是，炎帝不服气，公然表示应该由他担任领袖。轩辕当然不愿意，于是两人带兵进行了一场战斗，结果炎帝战败，只好同意由轩辕担任部落联盟的领袖。

轩辕平息了战乱，统一了天下，百姓得以安居乐业。因此他受到了天下人的尊崇，号称黄帝，取代了炎帝的地位。

黄帝和炎帝就成了中华民族的始祖，后人分别建造黄帝陵、炎帝陵，每年举行盛大的仪式纪念他们。

尧舜禅让

尧帝是黄帝的玄孙，本名叫放勋，是继黄帝后又一代圣明君主。

尧帝从小就很聪明，做事一丝不苟，品行高尚，宽厚仁慈，虽然出身于富有家庭，却从不傲慢，而是待人谦恭随和，使得各部落首领都诚心地服从他的管理，各部落人民亲密团结，相亲相爱。

尧帝非常关心人民的疾苦。为了帮助人们掌握生产季节，他派人观测星象，制定了历法，使百姓们过上了安定、富足的生活，人们都很爱戴他。随着时间的推移，尧帝逐渐变老，感觉自己治理国家有点力不从心了，于是他召集文武百官，想让他们推举出一位继承人。

一位大臣说："您的儿子丹朱通情达理，可以接替您的位置。"

尧帝叹口气说："唉，丹朱十分顽劣，专爱与人争斗，恐怕不行。"另一位大臣说："管水利的共工比较合适。"

尧帝又摇摇头说："共工能说会道，表面恭谨，可心里想的却是另一套，由他来治理国家，我不放心。大家再另外想想吧！"

大臣们讨论来讨论去，最后一致推举民间一个叫虞舜的年轻人。尧帝一听，马上接过话头说："我也听说过虞舜，大家都说他又孝顺又贤明，果真如此吗？"

一位大臣走上前说："是的，虞舜十分孝顺。他是冀州人，母亲很早就去世了，父亲是个糊涂虫，继母总爱无事生非，同父异母的兄弟骄横凶狠。在这样的情况下，虞舜仍然对父母很孝顺，对兄弟很友爱，使一家人和睦相处，实在难得。"尧帝听完，觉得虞舜是继承帝位的合适人选，但为了慎重起见，他决定全面考查虞舜的品行。

尧帝首先将自己的两个女儿——娥皇和女英嫁给虞舜，观察他如何对待妻子。虞舜并不因为两位妻子高贵的出身而格外娇宠她们，而是告诫她们要按普通百姓的规矩礼节操持家务，侍奉公婆。尧帝认为他做得对，又让他掌管礼教之事。虞舜便大力推行爱护子女，亲近兄弟，孝顺父母的道德风尚。一时间天下民风淳厚，世道清明。尧帝见他做出这样的好成绩，心里十分高兴，就让他协助自己管理国家事务。虞舜上任后，各项事务都管理得井井有条，管理百官也举止得当，办事公正。

尧帝对虞舜很满意，就赏给了他一大群牛羊，还给他修建了粮仓。他的弟弟和继母十分嫉妒，就常常挑唆他的父亲，一起加害他。一次，父亲让虞舜爬上房顶修仓库。等虞舜上去后，他的父亲和弟弟急忙搬走梯子，并在仓库中燃起大火，企图烧死虞舜。幸好，虞舜带了两顶大斗笠，他左右手各抓一顶，像展翅飞翔的雄鹰一样轻轻地跳下，毫发无损。一计不成，他的父亲和弟弟又心生一计，让他去掏井。虞舜带上工具下井后，他们就往井里扔石块和泥团，想把虞舜压死在井底。虞舜早就预料到父亲和弟弟要害他，下井后就迅速挖了一条通道，逃了出来。弟弟和父亲以为他有神灵保佑，从此再也不敢加害于他。虞舜也不计仇，仍旧像从前一样孝顺父母，爱护弟弟。

经过多年的考查，尧帝认为虞舜的确贤明、仁爱、宽容，一定能治理好天下，于是就下令举行禅让大典，把部落联盟首领的位置让给虞舜。这就是历史上有名的尧舜禅让。

受禅让后，虞舜果然没有辜负尧帝对他的信任和期望，全身心投入到国事治理上，大胆免除小人，任用有才华的贤明之人。到了晚年，他仍不顾年老体弱，按照老规矩到各地去考察民情，最终累死在巡视南方的路途之中。人们敬仰他的德行，在湖南九嶷山上为他筑起陵墓，以表达对他的永久怀念。

大禹治水

早在尧帝在位的时候，天下大水成灾，浊浪滔天，沿江河的老百姓们深受洪水之苦。为了解除人民的疾苦，尧帝在众臣的推举下，让鲧去治理洪水。

鲧起初踌躇满志，认为只需花几个月时间就可以降伏洪水。可是，九年过去了，他也没有能够彻底地治服洪水。原因是什么呢？是他治水的方法不对：洪水到哪里，他就到哪里带领人们用泥土和石块垒起堤坝，试图挡住洪水的去路。洪水被堤坝挡住了，就往上猛涨。鲧见洪水往上涨，也让人们跟着加高堤坝。结果，洪水越涨越高，最后，"哗"的一声冲垮了堤坝，带来更大的危害。

尧见鲧出去治水，很久都没有成功，就在让位给舜之前，叮嘱舜要督促鲧早日完成治水的任务。舜担任部落联盟领袖后，亲自到鲧治水的地方视察，发现他的治水并没有取得什么效果，便将他撤职查办。

鲧的儿子禹知道父亲被查办后，很不服气，就自告奋勇地找到舜，再三要求由他来完成鲧没能成功的事业。舜见禹态度诚恳，而且勇气可嘉，人也显得很机灵，就同意派他担当治水的重任，还给他派了三个助手：皋陶、契、弃。

禹走马上任以后，在契、弃和皋陶的协助下，首先花了五年时间到各个灾区进行实地调查，了解那里地势的高低走向，然后总结父亲治水的经验教训，提出了新的治水方案。他根据地势的高低变化，以开挖沟渠、疏通河道的办法为主，以垒筑堤坝的办法为辅，将洪水由西向东引入大海。

禹带领三个助手，和广大民众一起开挖沟渠，疏通河道，在必要的时候垒筑堤坝……他日夜操劳，备尝艰辛。据说，他三次经过自己家门口，都没有回去看看自己的家人。就这样，又经过了八年的艰苦努力，禹终于把泛滥多年的洪水引入了一望无际的大海。从此，被洪水淹没过的农田里又种满了庄稼，被冲毁的房屋的废墟上又建起了新的家园，饱受洪水蹂躏之苦的人民又过上了安居乐业的幸福生活。

由于禹不畏艰难，治水成功，所以受到了人们的爱戴和各部落首领的尊敬。后来，当舜寻觅接班人时，各部落首领一致建议他把部落联盟领袖的职位传给禹。舜欣然同意，在他八十三岁的时候，把自己的职位禅让给了禹。

后人为了称颂禹成功治水的伟大业绩，尊称他为“大禹”。

商汤灭夏

禹的儿子启接替了父位,建立了我国历史上第一个真正意义上的国家,开创了第一个朝代——夏。

夏朝之初,政治昌明,百姓们安居乐业,曾一度出现欣欣向荣的景象。历史的车轮向前滚动,四百多年过去了,到了夏桀在位的时候,夏朝已经走向没落。

夏桀是历史上有名的暴君,整天荒淫无道,只知道吃喝玩乐,不顾百姓的疾苦。为了博得宠妃妹喜的欢心,竟大肆地耗费人力物力,修建琼宫瑶台;他还编养了一支三万人的女乐队,轮流为他歌舞弹奏,成天只知道享受。为了取乐,他竟将老虎赶到大街上,观看人们惊恐奔逃的狼狈样子。夏桀道德衰败,只知晓施行暴政,加重对人民的剥削,并对人民乱施酷刑,使得百官不堪忍受,百姓们也对他恨之入骨。

许多诸侯们都对夏桀的残酷统治十分不满,相继叛离了夏。夏桀不但不反思自己的行为,还毫无羞耻,洋洋得意地说:“我的统治就像是太阳一样,永远都不会灭亡。”人们听了都咬牙切齿地诅咒:“这个太阳什么时候死掉呢?我宁愿与你同归于尽!”

就在这时,夏的属国商在商汤的领导下,逐渐发展壮大起来。

商汤是一位贤明仁善的首领,也是一个武艺高强、勇猛善战的英雄。每当与人格斗时,他总是一手持旌旗,一手使数百斤重的钺,上下挥舞如飞,令对手难以招架。在他的统率下,商国先后灭掉了附近的几个忠于夏朝的小国,使商的地盘和实力得到扩展。

汤具有远大的抱负。他发现夏桀荒淫残暴的统治使人民怨声载道，就暗暗下定决心，要把这个暴君赶下王位。但汤也知道，夏桀终究是统治天下的君主，与他相比，自己的力量还不够强大，要顺利地取而代之，自己必须付出很大的努力。

于是，汤从三个方面进行了长时期的精心准备。

首先，他设法为自己树立起贤明仁慈的形象。为此，他经常到民间视察，看到谁家生活困难时，就主动给予救济。对于犯罪的臣民，只要罪不当死，一概从轻发落。他不但关爱本国的臣民，而且注意保护大自然中的生灵。有一天，他和几个随从去野外游玩，看到一个老者在张网捕鸟。当他布好网后，又跪到地上，对着天空和东南西北四个方向磕了几个响头，口里还念念有词："从天上落下来的、从四方飞过来的鸟儿啊，都到我的网内来吧！"站在一边看了片刻的汤连忙劝阻说："老人家，这样会把天下的鸟儿捕光杀绝的啊！"说完，他就把朝着西、南、东三个方向的网撤掉，只留下朝北的那张进口最小的网，说："鸟儿啊！你们要去左边的就往左飞，要去右边的就往右飞，实在不想活了，就钻到我这边的网中来。"这就是成语"网开三面"的由来。这件事很快传播开来，人们听了都感慨说："汤真是仁爱啊！"一时间，许多诸侯国和有才能的人竞相归附商国。

其次，他不拘一格用人才，以求得辅佐他治理国家。他听说伊尹是个有才有德却又不想做官的隐士，便派人前去聘请他。先后去了五次，伊尹才答应前来辅佐商汤。伊尹向商汤讲述了三皇、五帝和大禹等远古帝王的事迹和功业，又借谈论烹调的话题，劝谏商汤像选择美味那样，任用贤才，实行仁道。伊尹说得滔滔不绝，绘声绘色。商汤听得津津有味，眉飞色舞。于是，商汤任伊尹为右相，让他管理国政。而此时，夏桀的残暴到了无以复加的地步，激起了更加广泛的诸侯及百姓们的憎恨和反抗。

再次，商汤经过长时间的准备，训练出一支精悍勇猛的军队，又囤积了十分充足的粮食和草料，看到夏桀已陷入众叛亲离的境地，认为时机已经成熟，于是决定举兵讨伐夏桀。

出师前，商汤召集各路诸侯首领到宗庙誓师。他身披铠甲，手握大斧，威风凛凛地登上祭坛，号令诸侯将领说："不是我故意发动战争，是因为夏桀犯下了滔天罪行。上天命令我去讨伐他，我怕上天发怒，不敢不去。只要你们辅助我，事成之后，我会重重地赏赐你们，我决不会失信。但如果不听我指挥，绝不轻饶！"商汤的一番话鼓舞了士气，更加坚定了士兵们灭夏的决心。

商汤的军队浩浩荡荡直指夏桀的老巢——夏都。消息传到夏都，宫廷内外一片混乱，夏桀率军慌忙迎战。商军士气高涨，军威雄壮，势如破竹；夏军则仓促出战，士气不振。交战不久，夏军就丢盔弃甲，狼狈逃窜，商军紧随其后，愈战愈勇，如风卷残云般地冲杀过去，杀得夏军死的死，伤的伤，鬼哭狼嚎，尸横遍野。经过一场激战，夏军全军崩溃，夏桀也成了商汤的阶下囚。

商军凯旋回归，商汤命令伊尹向诸侯各国公布这次大战的战绩。诸侯都欢欣鼓舞，诚心归附。于是，商汤平定了天下，登上了天子之位，开创了商王朝。

商汤执政后，废除了夏朝的政令，修改了历法，改变了器物服饰的颜色，崇尚白色，还实行白天朝会的制度。刚刚兴起的商朝，在商汤的治理下，政治清明，民风淳朴，呈现出一派百废俱兴、政通人和的局面。

武王伐纣

纣王是商朝的末代国王，叫辛，因为荒淫无道、极端残暴，所以才被人们称为“纣”。他和夏桀一样，是一个令人深恶痛绝的暴君。

纣王本来是一个天资聪颖、勇猛善战的人。他能言善辩，可以轻易地驳倒和自己争论的大臣；他力大如牛，能够徒手制服豺狼虎豹；他有军事指挥才能，早年曾带兵和夷人进行了一场旷日持久的战争，结果屡战屡胜，既平定了夷人，又把商朝的先进文化传到了东南地区。可他却不把心思用在治理国事上，而是挖空心思设计玩乐的东西。他整天饮酒取乐，又十分贪恋女色，尤其是宠爱美若天仙的妃子苏妲己。为了满足与妲己荒淫无度的享乐欲望，他大肆地乱征赋税，搜刮民财，用来修建豪华的宫殿和猎场林苑。他还派人挖池子，往池子里面灌满了酒，又派人在树上挂满了肉，然后让男男女女脱光衣服在树丛里面嬉戏追逐，通宵达旦在池子边饮酒作乐，这就是有名的“酒池肉林”。

商纣王如此的荒淫无度，引起了百姓的怨恨和大臣的不满，他不但不思悔改，反而听信妲己的谗言，设置了醢刑、脯刑、炮烙等酷刑，镇压对他不满的臣民。

当时，西伯侯姬昌、九侯、鄂侯三人是诸侯的首领，号称“三公”，他们的责任是共同辅助天子治理国家。九侯的女儿是商纣王的妃子，看不惯商纣王、妲己的做法，几次利用机会婉言劝告纣王。妲己听说后，立即挑唆纣王杀了九侯的女儿。纣王担心九侯恨他，就将九侯骗进宫中，施行醢刑，剁成肉酱。鄂侯闻讯，赶去劝谏纣王，力辩九侯忠诚无二。纣王大怒，索性把鄂侯斩杀以后熏成了肉干。

商纣王为了震慑诸侯，令人将肉酱、肉干传送各地。西伯侯见到肉酱、肉干，想到两位老友不幸惨死，于是冒死进谏。纣王大怒，把他关进了监狱。

西伯的封国在周，国内的大臣们闻讯，想方设法营救西伯。他们知道商纣王追逐女色，贪图享乐，就从各地搜求了美女名马、奇珍异宝，献给纣王。七年以后，纣王才释放了西伯。为了拉拢西伯，纣王还赏赐给他象征权力的弓箭和大斧，让他重新管辖西部各诸侯，并有权征伐其他诸侯。

西伯出狱后，立即把洛水以西的土地献给商纣王，借机请求商纣王废除残酷的炮烙刑罚，商纣王答应了。西伯的这一举动，博得了百姓和诸侯的一致称赞。

然而，西伯已经看清了商纣王的真面目，不推翻纣王的残暴统治，百姓和诸侯都别想过太平日子。于是，西伯更加勤奋地治理国家，推广仁政，广纳贤才，增强周国国力，准备推翻商纣王的统治。诸侯们都很敬重他，发生纠纷之时，总是请西伯评判。

有一次，虞国人和芮国人为国界发生纠纷，双方各持己见，争执不下，于是一起请西伯来裁决。虞君和芮君进入周国后，发现周国人都十分谦和有礼，相亲相敬，种田人耕地耕到田界边，总是留出宽宽的田界，把田界让给邻居，没有人为田界发生争执。虞君和芮君见了都十分惭愧，便商量说："我们所争执的，正是人家感到羞耻的，还去找西伯干什么？这不是惹人笑话吗？"于是两人互相作出让步，圆满达成协议，然后掉头各自回国。四方诸侯就这件事，议论说："西伯大概就是承受天命的君主吧！"于是诸侯们会盟，尊西伯为王。因为西伯死后的谥号是文王，所以史书上称他为周文王。

这时，天下诸侯不堪忍受商纣王的压迫，纷纷归顺周文王。只有崇国、犬戎、密须、黎国等几个诸侯助纣为虐，帮助纣王欺凌弱小诸侯。周文王率军征讨这些纣王的走狗，维护了弱小诸侯国的安全。为了继续向东发展，文王开始营建新都丰邑，周国的势力进一步壮大，领土已经扩展到江、汉流域，形成了“二分天下，周得其二”的局面。周国已经完全具备了消灭商纣王的力量。

迁都丰邑的第二年，一代圣主周文王逝世，太子姬发继位，他就是周武王。周武王任太公望(姜子牙)为太师，周公旦为辅相，再加上召公、毕公等人辅佐，他决意继承文王的事业，推翻纣王的残暴统治。

武王在即位的第二年，起兵到孟津检阅军队，并观察纣王的动态。天下八百多个诸侯闻讯，不约而同地来到孟津，踊跃赴会，他们对武王说：“可以讨伐纣了。”武王却说：“你们不知道天意，现在时机还没到。”于是调还军队，各自回去了。

过了两年，商纣王更加昏庸暴虐，完全丧失了人性。大臣比干忠心爱国，受到众人的敬仰。他对纣王的行为看不惯，担心商朝将因此灭亡，曾多次向纣王进谏，劝告纣王改弦更张，勤于治国，商纣王根本不听。一天，他又向纣王进谏，指责商纣王的残暴行为。商纣王大怒，骂道：“照你说，我是一个昏君，只有你是圣人。我听说圣人的心有七个孔，我倒要看看你的心有几个孔！”于是，他立即命人剖开比干的胸膛，挖出血淋淋的心来观看。朝中一些正直的大臣看到商朝气数已尽，纣王实在无可救药，都纷纷逃奔到了周国。

周武王觉得讨伐纣王的时机终于来临。公元前1046年春，周武王拜姜尚为大元帅，出动三百辆战车、三千名虎贲(保卫武王的近卫军)和四万五千名步兵，连同前来助战的庸、蜀、羌、微、卢、彭等小国的部队，浩浩荡荡向朝歌进发。这支雄师斗志昂扬，一路势如破竹，很快就打到了离朝歌只有七十里的牧野。

纣王听到周武王的雄师已到达了牧野，再过几天可能就要打到朝歌了，慌忙组织了七十万大军，由他亲自统领，开往牧野迎战。

在牧野的荒原上，周武王的雄师和纣王的大军列开阵势，一场空前激烈的大战马上就要开始了。

在大战前夕，周武王为了鼓舞士气，令人树起一杆大旗，旗帜高高飘扬，上面写着几个大字“讨伐暴纣”。接着，他站到一块高地上，用嘹亮的声音对着周军将士发出进攻的号令：“纣王一味听信妇人妲己的妖言，败坏其先王留下来的朝纲，毁弃国家，残害大臣，欺凌百姓，致使天怒人怨。所以今天我姬发替天行道，带领你们前来惩罚暴君。英勇的将士们，扬起你们的长矛，抓起你们的坚盾，挥动你们的大刀，准备讨伐暴君纣王。将士们！冲啊！”周军将士听到武王的命令，真的如同雄狮猛虎一般，英勇地冲向敌军，杀向纣王。

纣王在大战爆发前夕，看到周军只有五万人左右，不禁大喜过望：姬发只有这么一点人马，我有七十万大军，不费吹灰之力就可以打败他！但当周军向着商军阵营冲杀过来的时候，大多数商军士兵不是拼命抵挡，而是掉转矛头，和周军一起攻打后面的商军人马。整个纣王的军队顿时乱成一团，全线溃败。

纣王大吃一惊，他接连杀死了身边的两名卫兵，可是根本无济于事，只好狼狈逃回朝歌。

那么，这是怎么一回事呢？原来纣王的七十万军队大部分是由奴隶和战俘临时组成的。这些奴隶和战俘平时受到纣王的残酷迫害，早就恨透了他，所以当周军冲杀过来的时候，他们纷纷掉转矛头，和周军一起进攻躲在后面的纣王及其嫡系部队，结果使纣王惨败。

这场因为奴隶和战俘临阵倒戈起义，使得纣王败逃的大战就是历史上有名的“牧野之战”。牧野之战是我国历史上以少胜多、以弱胜强的著名战例之一。在这次战役之后，周武王命令姜尚指挥周军乘胜追击，一举攻破了朝歌。纣王见大势已去，便登上鹿台自焚而死，商朝至此宣告灭亡。

周公摄政

公元前1046年，周武王病逝。太子姬诵继承王位，这就是周成王。由于成王当时还是一个十三岁的小孩，所以武王的弟弟周公旦便辅佐成王处理政事。

周公因为协助周武王讨伐纣王有功，被武王封为鲁国（国都在今山东曲阜）的国君。正当他打算离开镐京去鲁国就任的时候，又被武王留下帮助处理政事。不久，周武王病重，临终前把太子姬诵和政事托付给周公。

周公旦，是周文王之子，武王的弟弟。周武王灭商后，又进行了一系列的征伐战争，很快占领了原商朝统治的地盘，建立了周朝，当上了周朝的第一任国君。

为了不引起商朝遗民的敌对情绪，周武王采用了周公的建议，把原来商国的都城朝歌分封给纣王的儿子武庚，利用他的影响来管辖这一地区，然后，将自己的三个弟弟管叔、蔡叔、霍叔分封在朝歌的周围，用来监督武庚。同时武王还释放了因不满纣王而被囚禁的箕子，祭奠吊唁被纣王杀死的忠臣比干，抚慰并褒奖了商族贤人商容。这些措施使商族中的贵族与周王朝的对立情绪得到缓解，解除了周武王建国后的后顾之忧。武王在周公旦、召公奭、太公望(姜子牙)、散宜生等一批贤臣的辅佐下，有效地治理了国家，在他在位的两年中，政局没有发生大的变故。

周王朝建立的第二年，武王去世了。年幼的太子涌即位，叫周成王。周公担心成王年幼，难以承担治理国家的大任，而被征服的诸侯和商的遗族会趁机起兵背叛周朝，再次引起天下大乱，就决定先摄政，代替成王处理国家事务，掌握国家大权。

武王在分封诸侯的时候，周公被封在山东曲阜为鲁公。周公摄政后，不能离开朝堂，就让儿子伯禽到曲阜去代理他的职务。伯禽动身之前，周公反复地教育他，说："我是文王的儿子，武王的弟弟，现在成王的叔叔，这样的身分和地位不能说卑贱吧，但是，我还是小心谨慎，洗一次头发，总是三次中止，把头发匆匆地握在手中，先去办急需办的事情。我吃一顿饭，也总是三次把含在口里还没咽下的饭吐了出来，先去接见要见我的人。我这样尽心地接待天下的贤德人才，还怕他们不肯到我这里来。你到了鲁国，千万不要自高自大，以为自己是鲁国最高贵的人而骄傲起来。"伯禽表示永远记住父亲的教导。周公这种"一沐三捉发，一饭三吐哺"的作风，成为后人勤劳国事、谦恭待人的榜样。

周公的权力增大，引起了管叔、蔡叔和霍叔等人的猜疑和嫉妒，于是，他们到处散布谣言，说周公摄政是想代替成王，自己做天子。不少人都被流言欺骗了，就连一起与周公辅佐武王的召公也怀疑他另有企图。

周公十分忧虑，心想，要保证朝政不乱，自己的摄政必须要争取国家重臣召公和太公望的支持和信任，于是诚恳地对他们说："周朝刚刚建立，天下人心不稳，如果这个时候发生叛乱，将会威胁到我们周朝的统治，我之所以不避嫌疑代理国政，就是怕有人背叛周朝，破坏周朝的稳定，我们没法向祖先交代啊！"召公和太公望理解了周公的良苦用心，对他的摄政给予了全力支持。

果然，成王年纪幼小，周公摄政又被猜疑，这就给那些不甘心商朝灭亡的人燃起了希望的火光。商纣的儿子武庚见到机会难得，就勾结管叔、蔡叔和霍叔，带领原商朝的属国徐、奄、熊、盈等东方小国，发动了叛乱，攻打周朝。周公奉成王命令，带兵征讨叛军，顺利地平定了叛乱，处死了武庚和管叔，流放了蔡叔和霍叔，并安抚了商朝的遗民，巩固了周朝的统治。

东征之后，为了免除以后商朝遗民对周朝的危害，周公一方面继续推行安抚政策，并将商朝遗民分散到各诸侯国去当奴隶，以便控制他们，彻底消除隐患；另一方面，周公将周族亲戚派往全国各地，建立起七十多个忠于周王的诸侯国，使周朝的疆域大面积扩大了，成为一个强大的奴隶制国家。

周公摄政七年后，国家巩固了，成王也长大了，于是他自觉地把手中的大权还给成王，以一个臣子的身份继续和召公、太公望等一起辅佐成王。

成王执政后，有人造谣中伤周公，周公无法辩解，只好逃往楚国。一天，成王命人打开密藏文件的柜子，发现一册文书上有周公写的祭神祝词，上面写道："成王年龄尚小，冒犯神灵的是我，希望神灵让成王早点康复吧！"原来成王幼小的时候生过一次大病，几乎快不行了，周公就剪下自己的指甲沉入黄河中，写下了这份祝词，藏在密柜中希望神灵能够让自己代替成王去死。成王看了这份祝词，感动得流泪了，赶紧派人去迎接周公回来。周公坦荡的心怀，终于以自己的行动昭示于天下。

周公因为操劳国事，积劳成疾，不久就病逝了。临终前，他说："我死后，一定要把我葬在周国，以表明我不敢离开成王。"周公死后，成王将他安葬在周文王陵墓附近，以表示自己不敢把周公当做臣子看待。

楚庄王

楚国地处南方，是春秋时期举足轻重的大国。公元前613年，历史上赫赫有名的楚庄王即位了。但他那个时候胸无大志，成天吃喝玩乐，不理国事，还命令楚国臣民“谁也不许来劝谏”。他就这样浑浑噩噩地过了三年。而在这三年中，晋国却乘机扩大自己的势力范围，把几个一向归附楚国的小国拉到了它的阵营里。

大夫伍举看到这一切，心急如焚，多次想去劝说楚庄王奋发图强，和晋国一决雌雄。可是，他又害怕被处死，不敢说出自己的想法。这一天，他实在忍不住了，就想出了一个委婉的劝谏办法。他蹑手蹑脚地走进王宫中，对正在观看歌舞的楚庄王说：“聪明绝顶的大王啊，有人要我猜个谜语，我猜不出来，所以特地来向您请教。”楚庄王笑着说：“好吧，说来听听。”伍举颤抖着嗓音说：“有一只大鸟栖息在楚国的高山上，它的羽毛五彩缤纷，气派与普通的鸟不同。但是整整三年了，它却不飞不鸣。大王，这是什么鸟啊？”楚庄王凝神看了看伍举，说：“这是一只奇异的鸟。它三年不飞，一飞将要冲天；三年不鸣，一鸣将要惊人。伍举，你退下吧，我知道你的意思了。”

但几个月过去了，楚庄王不但“不飞不鸣”，反而吃喝玩乐得更厉害了。另一个大夫苏从也看不下去了，他跑到楚庄王面前，直言不讳地劝谏他不应沉湎于吃喝玩乐，而应把心思放在治国兴邦上。楚庄王假装很生气，大声叱责道：“胆大妄为的苏从，你难道不知道我禁止劝谏的命令吗？”苏从答道：“我当然知道。不过，只要大王听从我的意见，我就是被大王杀了，也心甘情愿啊！”楚庄王听后高兴地说："你和伍举真是忠心为国的良臣啊，不像某些大臣只知道奉承我。"说完，他就派人把那些善于阿谀奉承的大臣抓来杀了，提拔苏从、伍举等一批忠臣协助自己处理国事。然后，他又选拔了几个懂军事的将领整顿兵马、操练军队，准备北进中原，与晋国一分高下。就这样，楚国的国势开始蒸蒸日上。

公元前608年，也就是楚庄王即位的第六年，他挥师北上，打败了依附晋国的宋国，从宋军手中缴获了五百辆兵车。两年后，楚庄王又打败了陆浑国，在洛邑城郊举行盛大的阅兵仪式，向周王室示威，吓得当时的天子周定王赶快派使者去慰问他。此后，楚庄王聘请著名的隐士孙叔敖出山做丞相，帮助楚国发展经济。在孙叔敖的主持下，短短几年间，楚国的民风就有了很大的进步，举国上下能够团结一致，和睦相处；农田水利事业也有了长足的发展，粮食产量连年增加。这一切不但使楚国变得更加富强，而且为楚庄王最终打败晋国、称霸中原提供了强有力的后盾。公元前598年，楚庄王觉得和晋国一决雌雄的时机成熟了，就派兵讨伐依附晋国的小国陈，向晋国挑战。第二年春，他又亲自统领大军攻打晋国的盟国郑国。晋文公的孙子晋景公派大将荀临父为主帅，率领拥有六百辆兵车的雄师去救援郑国。但等晋军赶到郑国的时候，郑国国君已经向楚庄王投降了。晋军不肯撤退，就在郑国境内的邲城（今河南荥阳东北）郊外和楚军交战，结果惨败，人马损失了一大半。

当荀临父带着晋军的残余人马逃跑的时候，有谋士建议楚庄王把他们赶尽杀绝。楚庄王说："自从三十多年前，楚军在城濮被晋军打败以来，一直不敢和晋军交锋。今天大胜晋军，算得上是一雪前耻了，又何必多杀人呢？"于是，他下令楚军不要追击，放晋国的败将残兵一条生路。邲城之战以后，楚成王声威震天下，变成了"一鸣惊人"的霸主。

秦穆公

秦国在周平王东迁的时候才开始立国，在当时诸侯各国中，它的资历是比较浅的。

秦的先祖非子在西周孝王的时候,在汧水和渭水之间负责为王室养马。因为管理得法,马的繁殖极快,孝王非常高兴,把当时秦地那一小块地方赏赐给他。非子下传六代，到秦襄公，他在犬戎和申侯攻镐京、杀幽王的事件中因起兵相救有功，接着又在护送平王东迁中出了力,才被封为诸侯。平王把岐山以西的地方赏赐给他,并且对他说:“你如果能够把西戎打败,把他们赶走,那些地方全部归你所有。”

公元前659年，秦穆公即位，他任用蹇叔和百里奚等贤能之士,秦国逐渐强盛起来。秦国控制的地区,大多与戎狄杂居,虽然到穆公时秦国已成为西方大国，却仍被中原诸侯看作戎狄国，不让它参加盟会。因此,穆公急于要向东发展,与晋、楚争霸中原。他多次插手晋国内部事务，就是出于这个目的。秦晋联姻，也只是为了达到这个目的采取的特殊手段。秦晋之间勾心斗角,你争我夺,一直很激烈。到公元前627年,终于又爆发了一场大战——崤之战。

秦国的大军想偷袭郑国,晋国那边早就得到情报。晋国的大将先轸认为这是打击秦国的好机会,劝说新即位的晋襄公在崤山地方拦击。

晋襄公亲自率领大军开到崤山。崤山地势十分险要,晋军在那里布下了天罗地网，只等秦军到来。孟明视他们一进崤山，就中了埋伏,被晋军团团围住,进退两难。秦国的士兵死的死,降的降。孟明视、西乞术、白乙丙三员大将全都被活捉了。

晋襄公得胜回朝。他的母亲文嬴原是秦国人,不愿同秦国结仇,对襄公说:“秦国和晋国原是亲戚,一向彼此帮助。孟明视这帮武人为了自己要争功,闹得两国伤了和气。要是把这三个人杀了,恐怕两国的冤仇越结越深,不如把他们放了,让秦君自己去惩办他们。”

晋襄公听母亲说得有道理,就把孟明视等三个俘虏释放了。

大将先轸一听让孟明视跑了,立刻去见晋襄公,说:“将士们拼死拼活,好不容易把他们捉住,怎么轻易把他们放走呢?”一面说,一面气得向地上吐唾沫。晋襄公听了,也感到后悔,立刻派将军阳处父带领一队人马飞快地追上去。孟明视三人被释放之后,使劲地跑。到了黄河边,发现后面已经有晋兵追上来。在这紧急的关头,幸好有一只小船停在河边,他们就跳了下去。等阳处父赶到,船已经离了岸。阳处父在岸边大声喊叫:“请你们回来!我们主公忘了给你们准备车马,特地叫我赶来送几匹好马,请你们收下!”

孟明视哪里肯上这个当。他站在船头上行了礼,说:“承蒙晋君宽恕了我们,已经万分感激,哪里还敢再收受礼物。要是我们回去还能保全性命,那么,过了三年,再来报答贵国吧。”

阳处父还想说什么,那只小船哗啦哗啦地,已经越划越远了。

阳处父回去向晋襄公回报了孟明视的话,晋襄公懊悔不及,但也无可奈何了。

孟明视等三个人回到秦国。秦穆公听到全军覆没,穿了素服,亲自到城外去迎接他们。

孟明视三个人跪在地上请罪。秦穆公说:“这是我的不是,没有听你们父亲的劝告,害得你们打了败仗,哪儿能怪你们呢?再说,我也不能因为一个人犯了一点小过失,就抹杀他的大功啊。”三个人感激得直淌眼泪。打这以后,他们认真操练兵马,一心一意要为秦国报仇。

公元前625年,孟明视要求秦穆公发兵去报崤山的仇,秦穆公答应了。孟明视等三员大将率领四百辆兵车打到晋国。没想到晋襄公早有防备,孟明视又打了败仗。

秦穆公仍旧没有办他的罪,但孟明视实在过意不去,好像对国家欠下一笔债。他把自己的财产和俸禄全拿出来,送给在战争中死亡将士的家属。他跟兵士一块儿过苦日子。兵士吃粗粮,他也吃粗粮,兵士啃菜根,他也啃菜根,天天苦练兵马,一心要报仇雪耻。

这年冬天,晋国联合了宋、陈、郑三国打到秦国的边界上来了。孟明视嘱咐将士守住城,不准随便跟晋国人交战,结果又让晋国夺去了两座城。

这一来,秦国就有人说孟明视的坏话,说他不该这么胆小。附近的小国和西戎瞧着秦国一连打了三个败仗,纷纷脱离秦国,不受管了。

公元前624年,也就是崤山交战以后第三年的夏天。孟明视做好一切准备,挑选了国内精兵,出发了五百辆兵车。秦穆公拿出大量的粮食和财帛,把将士的家属安顿好。将士的斗志高昂,整装出发。

大军渡黄河的时候,孟明视对将士说:“咱们这回出来,可是有进没退,我想把船烧了,大家看怎么样?”大伙说:“烧吧!打胜了还怕没有船吗?打败了,也别回来了。”孟明视的兵士们憋了几年的气闷和仇恨,全在这时候迸发出来。没有几天工夫,就一举夺回了上次丢了的两个城,接着又攻下晋国的几座大城。

晋国这才感到秦国攻势的厉害,上上下下都着了慌。晋襄公跟大臣商量以后,下了命令:只许守城,不许跟秦国人开战。秦国的大军在晋国的地面上来回挑战,没有一个晋国人敢出来。有人对秦穆公说:“晋国已经认输了。他们不敢出来交战。主公不如埋了崤山的尸骨回去,也可以洗刷以前的耻辱了。”

秦穆公就率领大军到崤山,把三年前作战死亡将士留下的尸骨收拾起来，埋在山坡里。秦穆公带领孟明视等将士，祭奠了一番，才班师回国。西部小国和西戎部落，一听到秦国打败了中原的霸主晋国,争先恐后地向秦国进贡。秦国从此做了西戎的霸主。

齐桓公

齐国是周朝的一个诸侯国，齐国国君齐襄公死后，他的两个儿子公子纠和公子小白都想争夺国君之位。鲁国支持公子纠，并出兵帮他争夺君位。但最终公子小白胜利了，继承了王位，他就是齐桓公。

齐桓公继位之初，一直和鲁国相互攻打，战火连绵不断。鲁国国小势弱，实在支持不下去了，鲁庄公便向齐桓公求和，愿意割让土地来平息战火。齐桓公同意了，并和鲁庄公约好举行盟会。

到了举行盟会那天，鲁国将军曹沫请求与鲁庄公一同前去。原来，曹沫每次率军与齐国交战，总是吃败仗，觉得自己让鲁国受了莫大的耻辱，于是，想在盟会上冒死为鲁国洗去国耻。

齐国人在盟会地建造了高坛，高坛下排列了许多战车，将士们个个都威风凛凛，杀气腾腾。曹沫见了，并没有心慌，仍旧紧跟在鲁庄公左右，并随他登上高坛。两国国君行礼后，正要举行盟誓仪式，曹沫突然从鲁庄公身后闪出，飞身上前，左手一把抓住齐桓公的长袖，右手紧握一把雪亮的匕首逼住桓公。虽然齐国几万军马都在高坛下，却远水救不了近火。齐国相国管仲连忙用身体保护桓公，并厉声问曹沫的意图。

曹沫据理力争，说："贵国国君一向宣称要帮助弱者，救援困苦的国家，为什么不把鲁国算在内呢？如今，贵国却以强欺弱，抢占我国土地，如果同意归还土地，那么，鲁国将乐意和贵国结盟。"

管仲听后，立即让齐桓公同意。曹沫这才收回匕首，让两国国君歃血为盟。

结盟后，齐桓公十分后悔，想杀死曹沫，不愿归还土地。

管仲沉思后说："您被劫持时已经答应了别人的要求，如果过后反悔而不履行，将会在诸侯中失去信义，也会失去天下人的支持，您千万不要那样做！"

桓公听了顿时醒悟，就把战胜而得的土地统统归还给鲁国，并对曹沫不计前嫌，以礼相待。

诸侯们听说后，都认为齐桓公不以强欺弱，又信守诺言，都愿意与齐国结成友好的同盟，齐桓公从此成为天下诸侯的霸主。

过了几年，山戎国侵犯燕国，攻占了燕国许多领土，燕国抵挡不住了，便向齐国求救。齐桓公知道后，亲自率领大军去援助，打败了山戎国以及燕国北方的边患孤竹国，并把两国五百多里的土地送给了燕国。

解危后齐桓公率军回国，燕庄公一路相伴，为桓公送行，不知不觉就进入了齐国境内五十里。齐桓公豪爽地说："除了天子之外，诸侯之间相送不出自己的国境，我不能对燕君无礼。"于是把这五十里齐国领土用沟隔开，送给了庄公，显示出一代霸主的宽广胸怀，燕庄公对桓公感激不尽。

又过了几年，狄国人侵犯卫国，卫国国土几乎全部沦丧。卫文公向齐桓公告急，桓公便联合诸侯出兵，打败了狄国军队。但卫国的都城已被战火烧毁了，君臣百姓都无处安身，齐桓公就带领各国军队为他们筑起一座城，让卫国的君臣及百姓住下来。

齐桓公的种种义举，在诸侯中树立了很高的威信，他们都纷纷来朝见齐桓公。公元前651年，齐桓公在葵丘(河南兰考)召集诸侯会盟，周天子也派人参加，盛况空前。

公元前645年，相国管仲病逝。在管仲病危的时候，桓公曾亲往探望，在病榻旁握着他的手说："如果你万一不起，群臣中哪一个能够接替你？"

管仲说："了解臣的莫过于君了，我相信您是能慎重选择的。"

齐桓公说："你看易牙怎么样？我觉得他非常忠于我，爱护我，我曾经对他开过一句玩笑，说：‘所有的鸟兽虫鱼都吃过，就是不知道人肉是什么味。’第二天，他回去把自己三岁的儿子杀了，做了一盘肉给我尝。”

管仲说：“哪个不爱自己的儿子呢？这是人之常情。他为了让你尝人肉味而忍心把自己的儿子杀了，这样的人能够真正爱护你吗？”

桓公又提一个人：“那开方怎么样呢？他本来是卫国的公子，为了辅佐我，他宁愿抛弃作一国之君的荣华富贵。父母死了，也不回去参加葬礼，这说明他爱我胜过爱他的父母。”

管仲说：“父母有养育之恩，人最亲近最爱戴的莫过于父母，他远离父母而事齐，父母死了也不奔丧，从他对父母的态度来看，这样的人是不能和他亲近的。”

桓公又提一个人：“竖刁怎么样呢？他为了到内宫来侍奉我而阉割了自己，他爱护我超过爱护他自己了。”

管仲说：“每个人都爱护自己的身体，他为了达到亲近你的目的而忍心阉割了自己，那将来对你又会怎么样呢？这样的人不能信任。”桓公当时认为管仲讲的有道理。管仲为了防止将来可能发生的事变，在死之前，把这三个人都撤职了，并且作出决定：三人从此不许入朝。

这三人平时围绕在桓公周围，曲意奉承，投其所好，成为桓公日常生活中不可缺少的部分。他们被驱逐以后，桓公觉得生活中少了什么似的，一直闷闷不乐，吃东西也不知是什么味道，于是又把他们召回。当时朝中有大臣劝阻：“您忘记了管仲的遗言吗？为什么又让他们复职呢？”

桓公说：“这三个人对我有益，于国家无害，管仲的话，不是太过分了吗？”管仲在世的时候，这三个人还有所顾忌，现在管仲、鲍叔牙等一些正直的老臣都死了，他们欺桓公年老，精力衰退，就逐步控制了朝中内外。

桓公的妻妾很多，最受宠爱的有六个，她们各有一个儿子，为了争夺嗣君之位,相互之间拉帮结派,明争暗斗。管仲在世时,就已经察觉到这一点,建议桓公立了比较贤明的昭为太子。葵丘会盟的时候,桓公和管仲将太子昭介绍给各位诸侯,并托付给宋襄公。

俗话说,剑老无芒,人老无刚。桓公做了几十年的霸主,威镇华夏,志得意满,到晚年,沉迷于酒色,不听忠言,被小人蒙蔽耳目,自然不能作出正确的决断了。

公元前643年,桓公病重,内部的争夺更加激烈,易牙、竖刁等人趁机作乱。他们假传一道桓公的命令,说需要安静,不许群臣和亲属入宫探望,并且派人守卫宫门。接着,他们又把侍奉桓公左右的宫娥全部赶走,把门填塞,在桓公的寝室寿宫周围筑起一道高墙,内外隔绝,音信不通。桓公重病在床,不能起身,呼唤左右,没有一人答应,心中疑惑,不知是什么缘故。

良久,忽然听得"扑通"一声,好像有人从高处跌了下来。过了一会,窗户开了,爬进来一个宫娥模样的人。那人走到床前,桓公才看清楚,原来是侍婢晏娥儿。桓公像遇到了救星,忙说:"我很饿,想喝粥,你去给我拿点来。"

娥儿说:"我没有办法找到粥。"

桓公说:"那你就帮我倒杯热水来,让我解解渴。"

娥儿说:"我也没有办法找到热水。"

桓公觉得很奇怪,为什么没有粥,也没有热水呢?就问是什么原因。

娥儿说:"易牙、竖刁等人控制了宫中内外,不准出入,我到哪里去找粥和水呢?"

桓公说:"你是怎么样进来的?"

娥儿说:"因为您平时对我好,所以我不顾生命危险偷偷地爬墙过来看看您。"

桓公沉默一阵之后,深有感慨地叹了口气,说:"唉,管仲是多么有远见啊!我没有听他的话,落得今天这样的结局,假若死者有知，在地下，我有什么面目见他呢？”说完，用衣袖把脸蒙住，长叹数声而死。

桓公死后，易牙和竖刁拥立公子无诡继位。太子昭事先得到事变的消息，逃奔到宋国求援去了。群臣不服，易牙和竖刁对不服的朝臣采取了残酷的镇压手段。公子雍胆小怕事，逃奔秦国，其他三个公子看见无诡自立为君，他们当然不甘心，便集中家兵门客杀入宫中，在宫内大打出手，一向笙歌曼舞的宫廷顷刻为之一空。在这种情况下，哪一个还顾得上去为桓公收殓呢？

于是，桓公的尸体在床上摆了六十七天。当时虽然是冬天，但毕竟时间太长，皮肉完全腐烂，蛆虫还爬到墙外去了。最后，国内几个元老大臣出面调停，冲突才算暂时解决。因太子昭已出走，无诡是长子，由他继位。无诡即位以后，才将桓公尸骨草草入棺。

太子昭投奔到宋，宋襄公遵守葵丘会盟时齐桓公所托，约卫、曹、邾三国共同出兵送太子昭回齐。他们来势汹汹，使齐国又陷于一片混乱之中。齐国大臣拥立无诡，是在迫不得已的情况下，现在既然太子回来了，当然要由太子继位，于是他们联合起来杀死了无诡、易牙、竖刁等人，迎立太子昭。宋襄公看到问题已由齐国内部解决，他没有到临淄就率领军队回去了。

太子昭到达城郊，久久不见百官前来迎接，心知有变，忙派人前去打听，原来城内情况又发生了变化，三位公子和无诡的残余势力联合起来，各据守一个城门，只等太子昭到，就将发起攻击。太子昭人少不敌，只好又去投奔宋国。

当时，宋襄公还只走到边境，听到这个情况，后悔退兵早了，于是，立即调转车头向临淄急驰而去。五月，宋襄公终于把四个公子的力量击溃，太子昭入城即位，称为孝公。

孝公把朝中事情安排妥帖以后，到八月，才安葬桓公。桓公从死到葬，拖了将近一年的时间。以后，齐国的政局一直不稳定，国力日减，霸业也就骤然衰落了。

晋楚邲之战

公元前597年,楚庄王因为郑国与晋国结盟就发兵攻打郑国,包围了郑国的都城。郑国派使者向晋国求救。晋君任命荀林父为中军主帅,与上军元帅随会、下军元帅赵朔率领三军救援郑国。郤克、栾书、先縠、韩厥、巩朔、赵括、赵婴齐等一班宿将也随军出征。晋国援军到达黄河北岸的时候,传来了令人沮丧的消息:楚军已攻下了郑都,并与郑国停战结盟。

晋军主帅荀林父认为救郑已没有必要,打算退军回国,可其他将领坚决反对,要求渡河作战,从楚军手中夺回郑国。中军副帅先縠首先发难,他说:“撤军回国,岂不丢尽了晋国的脸?”

荀林父反驳说:“楚庄王亲自出征,带的都是全国的精兵,我们去了,恐怕夺不回郑国,反而遭受重大损失。”可先縠不听劝阻,不顾主帅的军令,带着本部人马渡过了黄河,荀林父担心先縠战败,回去没法向晋君交差,只好下令全军渡河。

楚庄王听说晋军渡过了黄河,但他此时并没有必胜的把握,不想跟强大的晋军决战,希望找到一种妥善的方式让双方体面下台,便派使者去晋营试探口气。

楚国使者见了荀林父,说:“楚国讨伐郑国只是想安抚属国,并不想得罪晋国。我们楚王请您带兵回国,以免伤了和气。”

荀林父沉思再三,排除众议,在口头上答应了楚国使者的和解要求,准备约定时间和楚国举行盟会。

楚使者得到荀林父的承诺,刚走出晋军大营,晋将赵括弯弓搭箭,指着楚使说:“我国君王的命令是:将楚国军队赶出郑国国境，不许退缩避敌！你如果敢再来，我的利箭一定将你射穿。”

楚庄王听了使者的报告，考虑再三，觉得两国交战利少弊多，还是和解为好。

楚军将领许伯、乐伯、摄叔三人是军中猛将，听说使者在晋营受到威吓，哪里能忍得下这口窝囊气。于是三人悄悄地乘着战车，到晋营中去搞破坏。许伯驾着战车撞垮晋军营垒，轧倒了晋军的大旗；乐伯弯弓射箭，射倒了一名晋军巡逻兵；摄叔跳下战车，挥戈追杀晋军的巡逻兵，还生擒了一名晋军。三人的行动迅猛异常，一气呵成，晋军猝不及防，一时大乱，待晋军整顿人马追赶时，许伯等三人已从容回到楚营。

楚军的大胆挑战激怒了晋军将领，晋将赵旃要求向楚军挑战，报复楚军，荀林父坚决不答应，赵旃于是改口请求到楚营中议和，荀林父糊里糊涂答应了。

晋将郤克非常担忧，他对荀林父说：“赵旃一直是主战的，现在却请求去议和，恐怕不会有好结果。应当加强戒备，以防不测。”

中军副帅先縠抱怨说：“要战就战，哪用得着这么婆婆妈妈。现在求战议和都不落实，加强戒备毫无用处！”

上军元帅随会说：“还是要加强戒备，一旦赵旃激怒楚王，楚军必然全军出击，弄不好，我们会全军覆灭。”

荀林父见众将意见不统一，不知如何是好，坐在中军大帐一筹莫展。随会只好命令上军作好准备，防备不测。他派将军巩朔、韩厥二人领兵在敖山前谷埋伏，以防楚军突袭。晋将赵婴齐也觉得形势不妙，便在黄河边准备了一批船只，准备一旦有事就迅速渡河撤退。

晋将赵旃前往楚营议和，却在楚营外徘徊不前。等到天黑，他偷偷地带兵到达楚营，一声令下，晋军士兵呐喊冲锋，猛烈地攻打楚营。

楚庄王听说晋军攻打军营，觉得晋军将领不讲信用，十分愤怒，就冲出营帐，坐上战车，亲自率领卫队反击晋军。这场混战一直杀到天明，赵旃孤立无援，只得狼狈逃窜。庄王在后奋起直追。

荀林父担心议和将领激怒楚军，又派了将军知罃带兵前来接应赵旃。楚军主帅孙叔敖远远望见知罃的队伍，误认为是晋军大部队进攻，觉得十分危急，立即向全军下令："进攻！宁肯我军先攻敌军，不能让敌军先攻我军！"

一听到晋军主力出动，楚王追击敌军，陷入险情的消息，楚军全军震动，步兵、车兵一齐冲出，直扑来犯的晋军。知罃率领的晋军人数少，一下子就被消灭掉了。

楚庄王大喜，威风凛凛地站在战车上向全军发布命令："各路军盯住晋军上、中、下三军，务求全歼。"

楚庄王亲自擂鼓助威，楚军将士们没有不奋勇向前的。晋军主帅荀林父根本没有想到会和楚军决战，听见战鼓声，大惊失色，慌忙跑出军营一看，楚军已漫山遍野杀来。荀林父急得满头大汗，晋军中下路军都完全没有准备，一片混乱，无法组织士兵进行有效的抵抗。

楚军乘机包围分割了晋军，横扫晋军中军、下军大营，杀得晋军尸骨满地，血流成河。残余的晋军将士拼死突围，逃到黄河边。

荀林父见情况危急，下令："先渡过黄河的重赏！"

残余的晋军中军、下军人马全拥挤在黄河边，一听此命令，争先渡河。赵婴齐虽然预先作了准备，但由于船只很少，每条船早挤满了人。岸上的将士急了，纷纷跳水，攀附在船舷上，好几只船因此翻了，将士们纷纷落水。已上船的将士也红了眼，举起戈来砍船舷上攀附着的手。许多攀船将士的手指都被砍掉，断指在船舱乱滚，鲜血淋漓，惨不忍睹。

只有晋军上军预先有准备，他们占据了险要地形，分七处埋伏，严阵以待。楚军不敢贸然进攻。待楚军退后，随会才率领上军从容撤退，不失一兵一卒。

大战后的战场，血流成河，尸横遍野，其中死的大多数是晋军将士。楚军获得了空前的胜利，但也伤亡惨重，疲惫不堪，于是楚庄王下令将全军驻扎在邲地休整,邲地靠近战场,历史上就称这次战役为“邲之战”。

楚庄王看着满地的尸体,心中很悲伤,不由得感叹地说:“止戈为‘武’,制止战争才是真正的成功啊!”于是令人掩埋了两国战死将士的尸体,并举行了盛大的祭礼,哀悼两国的亡灵。

齐晋鞍之战

公元前593年，晋国派大夫郤克出使齐国。郤克身有残疾，瞎了一只眼睛，齐顷公看了暗暗好笑，就在宴请郤克时让其母萧夫人在帷幕后观看。郤克走进大殿，萧夫人看见郤克的长相，不觉大笑。左右侍女也忍俊不禁，笑成一团。郤克受此羞辱，不禁大怒，说："不报此仇，不是大丈夫！"

公元前589年，齐国征讨鲁国、卫国。鲁、卫两国势单力薄，无法抵抗齐军，就向晋国求救，晋景公派郤克统帅中军，士燮统帅上军，栾书统帅下军，率领八百辆战车的兵力去救援两国。郤克率领晋军到达靡笄山(今济南市东北的华不注山)，与齐军相遇，齐顷公派人向晋军下战书，并约定于第二天早上与晋军在鞍地一决胜负。

第二天清晨，双方就都在鞍地排列队形，摆开阵势。齐顷公为鼓舞士气，向全军兵士说："让我们消灭晋军再吃早饭吧！"说完，便自恃其勇，率先冲向晋军阵列。齐军将士紧随齐顷公，奋勇向前，挥戈射箭，杀向晋军。

齐军来势凶猛，不少晋军被杀死射伤。激战中，晋军主帅郤克被箭射伤，伤口鲜血直流，但他咬紧牙关，仍然擂鼓不绝。郤克后来实在支持不住了，痛苦地呻吟说："我受了重伤，不行了。"驭手解张说："一开战，箭就射中了我的手臂，一直穿到手肘。我折断箭杆，继续驾车。我的血把左边的车轮都染红了，我都没喊受伤，将军还是坚持一下吧。"车右护卫郑丘缓说："一开始作战，只要有险阻，我就下去推车。将军难道没有看见吗？不想将军却说自己不行了。"解张又说："主帅，我们车上的战旗和军鼓掌握着全军的进退,将军坐镇在车上,可以集中指挥,怎么能因为将军一个人受伤而坏了国家大事呢?身为军人,就得随时准备战死沙场,只要一息尚存,就要奋勇向前。”

说完后,解张左手拉着战马的缰绳,右手接过郤克手中的鼓槌不停地击鼓,战马奔驰,一直向前。晋军将士见主帅的战车冲向齐军,士气大增,人人都争相杀敌,势如排山倒海,齐军坚持不住,向后退却。晋军紧追不舍,绕着靡笄山追了三圈。齐军被打得溃不成军,伤亡惨重。

晋将韩厥在战场上看见齐顷公车上的旗号,便挥戈追杀上去。他的左右军士都被利箭射死了,可他毫不在意,驱车飞奔,紧追不舍。大战的头天晚上,齐顷公的车右护卫逄丑父在军中睡得正香的时候,被一条蛇咬伤了手臂。为了上战场,他没有告诉别人自己的伤势,结果在危急关头却无法下车推车,所以齐顷公的战车走得很慢,眼看要被韩厥追上。逄丑父担心齐顷公被晋军俘虏,便和他交换位置和衣袍铠甲,让他假装车右护卫。

齐顷公的战车快到华泉时,撞到了大树上,不能动弹,被飞奔而来的韩厥追上了。韩厥误认为从容而坐、穿着锦袍绣甲的逄丑父就是齐顷公,便拿着马鞭上前恭敬地向逄丑父行礼,说:“军命在身,冒犯之处还望海涵!”逄丑父见韩厥对自己身份没有丝毫怀疑,心中暗自高兴,就假戏真做,直叫口渴,喝令坐在护卫位置上的齐顷公去取水,给机会让他脱身。齐顷公佯装下车取水,乘机逃走,恰好被赶来的齐将郑周文驾车救回去了。韩厥将逄丑父献给主帅郤克,才知道上当了。郤克要杀逄丑父,逄丑父大声喊叫:“愿意为君王牺牲的忠臣反而要被杀害,今后还有谁会忠于君王呢?”郤克对众将说:“他不惜以死来保护君王,杀他不祥,还是放了他,以此来勉励忠于君王的人吧。”于是将他放了。

晋军乘胜追击齐军,深入齐国境内,齐顷公迫不得已,便派使者给晋军送去大批珍贵的宝器,请求停战。郤克想起自己当年被萧夫人嘲笑的事情,就气愤地说:“要想议和,除非用萧桐叔子做

人质，还要把齐国的田垄改成东西方向。”使者回答：“萧桐叔子是齐君的母亲，就和晋君的母亲一样，要国母做人质，不合孝道。田垄是根据土地的具体情况定方向，将军为了进攻齐国方便，不顾土地的具体情况，影响到农作，这违背历代天子的训令。将军是以正义之师讨伐齐国，却用暴虐的方式结束，这恐怕不妥吧。”郤克觉得齐使说得有道理，收回了苛刻的要求，同意了齐国的请和，并令齐国归还侵占的鲁国、卫国的土地。

鄢陵之战

郑国处于中原战略要地，依附于晋、楚两大国之间。公元前575年，郑国再次背叛了晋国，和楚国结盟，晋厉公为此十分生气，召集群臣商议后，决定亲自率领三军去讨伐郑国。

郑国听说晋军来征讨，便派使者赴楚国求救。楚共王亲自率军救援郑国。司马子反任中军统帅，公子婴齐任左军统帅，令尹子辛任右军统帅。楚国军队在楚共王带领下，行动迅速，很快就到达鄢陵(今河南省鄢陵县)。晋军也渡过了黄河，逼近鄢陵。

两军即将相遇，战争一触即发。晋军中军副帅士燮不想与楚军决战，请求晋厉公下令撤兵。

新军副帅郤至反对说："前三次与楚国交战都是我国以兵败告终，这是晋国的耻辱。如果遇到强敌就退避，那我们晋国还有什么脸面向诸侯发号施令呢？"晋厉公听了这番话，更加坚定了和楚国决战的决心。

楚军士气旺盛，求战心切，在约定决战的当天凌晨，就逼近晋军的营门列好战阵。而郑成公则率领郑国军队作为楚军的后备力量。

军士们前来报告晋国君臣。中军元帅栾书大惊说："楚军逼近营门列阵，我军已无法出营列阵，如何出战？"

士燮的儿子士丐，年方十六岁，禀告栾书说："请元帅命令军士在营门之内填平水井，推倒土灶，平整土地，军队在营内列阵。然后推倒营墙，留出战道，就可以与楚军决战。"

栾书大喜，命令依计行事，当天，晋楚双方坚守阵营，没有交战。

第二天凌晨，晋楚两军摆好阵势，击鼓进攻。晋军按照楚国叛将的建议，先分出部分军队去进攻楚国的左、右两军，然后集中力量猛攻中军王族精兵。双方展开了激烈的拼杀，鼓声震天，喊声如雷，戈矛相交，箭如雨下，尸横遍野。

晋厉公站在战车上，直向楚军冲去，不料，战车一下子冲进阵前的泥沼地，陷在淤泥中，无法动弹。车右护卫急忙下车，使尽全力推车。楚共王之子熊茷，少年好勇，见到晋君旗号，以为有机可乘，赶紧驱车赶来，想活捉晋厉公。晋厉公急得冒出一身冷汗，眼看着楚军飞奔而来却没有办法，就在这个危急的时刻，车被推出了泥坑中，栾书的军马也赶了过来。熊茷见到“中军元帅”的大旗，大吃一惊，回车便走，被栾书追上，生擒活捉，晋厉公才得以脱离险境。

大战中，晋将魏锜担任前锋，攻入楚军阵中。他远远望见楚共王的旗号，心中大喜，拼命追赶，眼看要追上，他便张弓放箭，一箭射中楚王左眼。楚王忍住剧痛，在楚军的拼死掩护下，才免于被俘。

楚共王大怒，立即找来神箭手养由基，从箭袋中抽出两支好箭，告诉养由基说：“射寡人的人穿绿色战袍，满脸胡须。你一定要为寡人报仇，你箭法如此高超，想必不要许多箭。”养由基接受了楚王的箭，就闯入晋军之中找魏锜，恰好望见魏锜朝自己冲过来，便一箭射过去，魏锜中箭而死。

郑成公听说楚共王中箭，又激动又愤怒，也不顾一切地带领郑军冲进阵中，与晋军拼死战斗，无奈晋军人多势众，郑军人少，冲不乱晋军的阵脚。

几位晋将望见郑君旗号，一齐驱车杀来，把郑军杀得七零八落，郑国大将唐苟举戈死战，挡住晋军的追击，郑成公才得以死里逃生，唐苟却战死在战场上。

这场大战从清晨一直打到晚上，晋军渐渐占了上风，楚军死伤无数,损失惨重,但仍死战不退。直到天色已晚,双方才鸣金收兵。

楚军回营后,中军统帅子反不甘心失败,下令:“检查将士的伤势,补充损失的士兵,修理兵器铠甲,清点战车马匹,明天一早,准备再战。”晋军侦察到楚军的行动,十分担忧,也在紧张备战,并释放了部分楚国的俘虏,让他们回楚营报告,意在恫吓楚军。

楚共王听说晋军也作了再战准备,十分忧虑,急忙召子反来商议。谁知,子反嗜酒如命,平常逢酒必饮,每饮必醉。这一天恶战后,他巡视全军,检查将士的战斗准备情况,累得直不起腰。回营帐后,他的士兵端来一大壶酒,子反见到酒,就克制不住,一杯一杯地喝起来,结果醉得像一滩烂泥,根本没法来见共王。楚共王听了使者的汇报,叹息说:“这是老天要让楚军吃败仗!我不能再迟疑了。”便紧急通知全军,丢掉不必要的物资,连夜轻装撤退。

子反知道自己醉酒误了大事,心里非常自责,回到楚国后就自杀身亡了。

晋军侦察到楚军已退,便进入楚营,缴获了所有的物资,得胜而归。

孔子周游列国

孔子，名丘，字仲尼，他是儒家学派的创始人，举世公认的大思想家、大教育家。他的思想和学说在中国流行了两千多年，对于中国人的日常生活、行为举止和民族性格产生了巨大的影响。

孔子的父亲做过鲁国的大夫，但很早就死了。孔子的母亲只好带着他到鲁国都城曲阜过着清贫的生活。据说孔子从小就对各种礼仪感兴趣，经常摆设一堆小盆、小碗、小木块、小泥巴之类的东西，模仿大人敬天祭祖的样子。

青年时期的孔子勤奋好学，不但精通西周初年的贤臣周公制订的一整套礼仪制度，而且擅长六种技艺，也就是礼节、音乐、射箭、驾车、书法和计算。他的个子很高，鲁国人因此送给他一个外号——“长人”。他做事非常认真，在做管理仓库的小吏时，仓库里的东西从来没有丢失过。不久他升任管理畜牧业的官吏，把牛羊养得又肥又壮，还使牛羊繁殖了很多。在不到三十岁的时候，孔子就成了学识渊博的名人。鲁国的国君鲁昭公和大臣都很赏识他。有些大臣的子弟还愿意拜他为老师，他就开办了一个私塾，招收学生。

孔子感到自己的礼仪知识还不全面，就想去洛邑考察周王室的礼仪制度。但是，曲阜离洛邑路途遥远。鲁昭公听说后就送给孔子一辆车、两匹马，还有一个车夫，派他去洛邑研究礼仪。

孔子三十五岁时，鲁昭公被赶下了台，孔子跟随他跑到了齐国。齐景公久仰孔子的大名，就向他求教治国的方法。孔子说：“只要国君严守国君的礼仪，大臣严守大臣的礼仪，父亲严守父亲的礼仪，儿子严守儿子的礼仪，就可以了。”齐景公说：“对啊！可是如果国君、大臣、父亲、儿子都不守礼仪，那该怎么办呢？”孔子说：“那就要节约财力了。”景公听了很高兴，就打算重用他。但齐国的丞相晏婴认为孔子的主张不切实际，反对景公重用孔子。孔子只好回到鲁国继续教书。

孔子四十二岁那年，鲁昭公死于齐国，他的儿子鲁定公即位。

公元前500年，鲁定公任命五十二岁的孔子做司空（负责工程的大臣），不久又调他任司寇（负责司法的大臣），让他跟自己去与齐景公会盟。孔子说：“我听说，进行外交活动，必须有军事准备；进行军事活动，必须有外交上的准备。从前诸侯出国会盟，必定带着将士护卫自己。所以请主公命左右司马（负责军事的大臣）带一些人马做护卫。”鲁定公接受了孔子的建议。

齐景公本来想在会盟时用武力强迫鲁定公向他称臣，但看到鲁定公不但带着孔子来谈判，还带了人马做护卫，就放弃了这个念头。

齐景公回国后，大夫黎钮对他说：“孔子留在鲁国做官，鲁国就会强大起来，这对我们国家很不利。所以大王应该送一些美女去迷惑鲁定公，使他疏远孔子，这样孔子就会离开鲁国了。”

于是，齐景公就送了很多美女给鲁定公。鲁定公果真贪恋美色，从此不理朝政。孔子去劝说他，他根本不理会。孔子因此很灰心，就带着一帮学生周游列国。当时诸侯都忙于备战和打仗，没人肯接受他的政治主张。孔子先后在卫、陈、曹、宋、郑、蔡、楚等多个国家奔波了十四年，但毫无收获。最后，他只好沮丧地回到鲁国，致力于教书育人，他还整理修订《周易》、《礼记》、《诗经》、《春秋》、《乐经》等文化典籍。

信陵君的故事

信陵君是魏国公子无忌的封号。他是魏昭王（公元前 295 ~ 前 277 年在位）的小儿子，安厘王的异母弟弟。安厘王即位（公元前 276 年）之后，就封公子为信陵君。

公子为人非常和善，而且好客，不论这个人贤或是不肖，公子对他们都一视同仁，以礼相待，绝不因为他自己是个富贵权势子弟，而看不起一般的士人。因此，各国的游士们都不远千里到魏国投奔他，做他家的食客。最多的时候，信陵君家的食客有三千人之多。诸侯各国因为信陵君礼贤下士，而且宾客很多，所以十年不敢侵犯魏国。

魏安厘王二十年（公元前 257 年），秦昭王出兵围攻赵国京城——邯郸。公子无忌的姐姐是赵国平原君的夫人，她几次写信给魏王和公子无忌，请魏国发兵救赵，魏王就派将军晋鄙率领十万大军去救赵国。秦王听说，就派使臣去魏国警告魏王：“我们秦国围攻邯郸指日可下，诸侯有敢出兵救赵的，一旦攻下赵城之后，我们就去攻打他们。”

魏王听了很害怕，就派人通知晋鄙，马上停止进军，先留在邺城城外，名义上是救赵，实际上是站在一边，观察动静。

信陵君想出一条妙计：亲自去见魏王夫人如姬，请她帮忙把兵符偷了出来，交给自己。

公子到了邺城和晋鄙见面，把魏王的那一半兵符拿出来和晋鄙对合之后，就让晋鄙把兵权交出来。

这样，公子选出八万人，协助赵国抵抗秦兵，秦兵败退，于是邯郸得救,赵国转危为安。

赵王和平原君亲自到边界迎接公子无忌,平原君为他背着箭囊,在前面带路。赵王向公子施礼下拜,说道:“自古以来,没有任何贤人可以比得上公子。”平原君在旁听见,觉得非常惭愧,因为他确实相信自己也比不上信陵君。

魏王知道信陵君盗走了他的兵符,非常震怒。公子无忌也知道自己不应该这样做,只好教别人领着魏国军队回国,他自己和他的食客暂时留在赵国。

赵国孝成王非常感激信陵君协助赵国打败秦军,就和平原君商议,打算把五个城封给无忌。公子听说这件事,心中非常欢喜,而面上带有骄傲的神气。他的一位食客就对他说:“过去的事情有的不该忘记,也有的不能不忘记。如果别人待公子有恩惠,公子不该忘记;可是反过来说,要是公子待别人有恩德,那公子就应该忘记。关于公子盗魏王的兵符,夺晋鄙兵权而拯救赵国的这件事,对赵国来说,公子的确立了大功;可是对魏国来说,公子就不见得是一位忠臣了。如果公子因为这件事而感到骄傲,自鸣得意的话,这就不对了。依臣之见,公子不应该接受赵王的封赠。”

信陵君一听,感到非常惭愧。

赵王走下台阶,迎接公子,并且执行主人之礼,请公子从西阶上去。可是公子无忌也懂得礼节,他斜着身子,从东阶跟在赵王旁边,走上大厅。(按照古礼,主人走东阶,客人走西阶。如果客人降等的话,他就随主人走上东阶。)

公子无忌非常谦虚有礼,他觉得自己犯了错误,不但对不起魏国,而且也没有为赵国立功。赵王款待公子饮宴,直到晚上才结束。赵王也不好提封赠的事,因为怕公子推辞。公子留在赵国,赵王把鄗城作为公子的食邑。魏王也不再追究既往,仍然尊公子为信陵君。

公子无忌留在赵国十年之久,没有回国。秦国知道公子留在赵国,于是不断地发兵攻打魏国,魏王很发愁,就派人把公子请回来。公子怕魏王还恨他,就吩咐门下仆从:“如果魏王再派使臣前来,不许给他通报。凡是敢为他通报的,一律处死。”宾客们也慢慢离开魏国,到赵国去投奔公子,没有人再敢劝公子回国。

赵国的毛、薛二公是公子无忌最佩服的两位贤士。他们听说公子不回魏国,就跑去见他,对公子说道:“公子所以受赵国的尊重而名闻诸侯的缘故,是因为魏国还存在。现在,秦国日夜攻打魏国,而公子却毫不关心,要是秦国攻破大梁,把先王的宗庙烧毁,请问公子还有什么颜面立足于天下呢?”

这两句话打动了公子的心,他立刻吩咐家人预备车辆,匆匆奔回魏国。魏王见公子回来,高兴得流下泪来。他立刻把上将将印授予公子,令公子带兵抗秦。各国诸侯听说公子当了魏国的上将,都派兵将协助魏国抵抗秦兵。公子率领五国的大军,大败秦军。秦国的大将蒙骜败走,公子乘胜追赶秦兵,秦兵退到函谷关内,不敢出来。

从此以后,公子无忌的威名远震,诸侯的说客们都把他们的兵法赠送给公子,公子把这些兵法收集起来,把说客的名字记录下来,编成一部魏公子兵法。

秦王认为公子无忌是他的心腹之患,就想法子要把他除掉。他派手下的人带着万锭黄金,秘密到魏国去贿赂晋鄙的食客,教他在魏王面前说公子的坏话,就说:“公子流亡国外十年,居然成为魏国的上将,连诸侯各国的大将也都听他调遣。诸侯都知道有魏公子,却不知道有魏王。公子野心勃勃,很想现在就南面称王。诸侯们也都怕公子的威名,都愿意联合起来,共同保他为王。”

秦国不但屡次对魏王施行反间,并且派遣使臣到魏国去道贺公子。魏王最初不信,可是他天天听到这种闲话,就慢慢相信了。果然,他派遣别人代替公子为魏国的上将。公子心里明白,敌人的诽谤一定会把他毁掉的,于是假装有病,不再去上朝,他天天和宾客们饮酒作乐,并且接近女色,日夜不停。就这样过了四年,最后死去。同一年,魏安厘王也死了,那年正是公元前243年。

平原君的故事

平原君的本名是赵胜，是赵国(今河北省南部赵县一带)的一位公子。他不但贤惠，而且好客，在赵家做食客的曾有几千人之多。平原君曾在赵惠王(公元前298年~前266年在位)和孝成王(公元前265年~前245年在位)两朝中做赵国的丞相，封在东武城(今河北省武成县)。他三次做丞相，三次被黜免。

平原君的家有一座楼，和老百姓的住宅离得很近。贫民家有一个瘸腿的人，走起路来，总是一拐一瘸的。平原君有一个长得很美的妾住在楼上，她每次看见那个瘸子走路的样子，就觉得好笑。

有一天，瘸腿的人实在受不了这种侮辱，他就去和平原君理论。他对平原君说："我听说公子很好客，所以很多贤士不远千里而来，投奔门下。很不幸，我生下来瘸腿，公子的爱妾看见我走路的样子，常常笑我。我再也受不了她的侮辱，请公子把她杀了吧!"

平原君一听，觉得这个人的话很不讲理，可是假装答应他。等这人走后，平原君对客人们说："你们看这个人多不讲理，他因为我的爱妾笑他，就要我把我的爱妾杀掉，你们不以为这个人的要求太过分了吗?"他并没杀他的爱妾。过了一年，他的宾客们一个一个地都离开他，过半数的人都走光了，平原君很纳闷，问客人们："胜待各位并没有失礼，为什么这么多的人都离开了呢?"

门下的一个家人答道："因为主公答应瘸腿的人把爱妾杀掉，可是主公并没有这样做。宾客们都以为主公好色而不敬客，所以大家都离开了。"

平原君一听，恍然大悟，立刻吩咐手下的人把爱妾杀死，然后亲自登门拜访瘸腿的人，向他道歉。从那次以后，宾客和家人们也都回来。

那时候，齐国有孟尝君，魏国有信陵君，楚国有春申君，赵国有平原君，这四位公子都以好客名闻天下，互相竞争，接待天下的贤士。秦国围攻赵国的京城——邯郸（今河北省南部的邯郸县），赵王派平原君到楚国求救。平原君从食客当中选出毛遂等文武兼备的二十人，随他一同到楚国去，希望楚王答应和赵国订合纵之约，出兵救赵。平原君到赵国之后，楚国的春申君和魏国的信陵君都带着兵去救赵国。秦国围住邯郸，情势非常紧急。邯郸“传舍吏”(管理宿舍的小官)的儿子叫李谈的看到情势危急，就跑去问平原君：“请问公子，您不怕赵国亡国吗?”

平原君回答说：“当然怕。赵国亡了，胜就会被俘虏，怎么不怕呢?”李谈说道：“邯郸的住民没有饭吃，大家都易子而食，情势的确很危急了。可是公子的家人有几百个，妻妾婢女们穿的是绫罗丝绸，粮肉都吃不完；百姓们穿的都是破衣破裤，吃的都是糟糠。人民困苦不堪，兵器都用完了，只好把木头削成枪箭。可是公子家中的用具一点也不缺少，连钟磬也照常敲个不停。如果秦国把赵国攻破，公子还能有这样的享受吗?如果赵国侥幸保全，那么公子还会担心没有这些东西供你享用吗?假如公子能把家人自夫人以下编在士卒里头，和士卒打成一片，共甘苦、同患难，再把家里所有的财物分给食客们，他们会尽心尽力，为公子效命，以报公子的大恩大德。”

平原君听后，认为李谈的话说得很有道理，于是就接受了他的建议。一方面把自己的家人编在士兵之中，和老百姓们共同生活，分工合作；一方面把家中的财物分散给食客们。常言说得好，“重赏之下，必有勇夫”，果然他征得了敢死队三千人之多，李谈也参加了，共同抵抗秦军。结果，秦军败退三十里。后来，楚、魏两国的救兵也赶来了，邯郸才没被秦军攻破。不幸，李谈战死。他的父亲被封为李侯。

春申君的故事

春申君本名叫黄歇,他是楚国(今湖南省一带)人,在楚顷襄王朝中做官。黄歇是一位有学问又会讲话的人,正因为他有辩才,顷襄王聘他为使臣,去秦国游说秦昭王。

秦昭王命令秦国的大将白起,带领大兵攻打韩、魏两国。两国战败,魏国的大将芒卯被擒,韩、魏向秦国投降。

秦昭王又派白起,统领韩、魏两国的军队,去攻打楚国。就在这个时候,黄歇奉命到秦国去游说。

白起已经带兵攻进了楚国,并且攻占了几座城池,连楚国的都城——鄢郢也攻下了,顷襄王把京城搬到了东部的陈县。

顷襄王的父亲楚怀王曾被秦国骗走,死在秦国。秦国看不起楚国,打算把楚国灭掉。

黄歇知道楚国危在旦夕,就上书给秦昭王,劝秦王不要攻楚,而应该和楚国亲善。书里头举出很多理由,说明攻楚对秦国没有什么好处;而和楚国亲善,反倒有很多的好处。

秦昭王果然被黄歇说服,于是把白起召回来,并派使臣去楚国,与楚国讲和,秦、楚两国结成友好。

黄歇游说秦王成功,就回到楚国。楚顷襄王大喜,就派太子完到秦国当人质,由黄歇作陪。这样,他在秦国住了几年。

后来,顷襄王病了,太子完想回去侍奉父亲,可是秦国不放。

太子完和秦国丞相应侯很要好,黄歇请应侯帮忙向秦王求情,让太子完回楚国去。应侯答应帮忙,可是秦王不答应,对应侯说:“让楚太子的师傅先回楚国探病,等他回来之后再说。”

黄歇就和楚太子完商议，他对完说道：“秦王留太子在秦国，希望对秦国有些好处。可是太子并没有帮秦国什么忙，歇为此很发愁。一旦大王驾崩，阳文君两个儿子中的一个就可能即位为王。因为太子不在，这样太子就不可能即位为王了。依歇的建议，太子不如逃出秦国，臣留在这里对付秦王，死而无憾。”

于是太子完化装成为楚国使臣的车夫，驾车随楚使出关，回楚国去了。黄歇等太子走远而秦兵追赶不上的时候，去面见秦昭王，承认自己让楚太子化装逃回楚国，请秦昭王赐他一死。

昭王听了大怒，想把黄歇定成死罪，叫他自杀。丞相应侯谏阻，对昭王奏道：“黄歇是个忠臣，当然为主效忠，所以他情愿一死，让太子逃回楚国。一旦太子完继王位，一定会拜黄歇为丞相。依臣之见，不如放他回国，这样，秦、楚两国必定更加友善。”

秦昭王认为应侯的话说得有理，就把黄歇放了，送他回楚国去了。黄歇回到楚国，不到三月，顷襄王就死了，太子完即位，他就是考烈王（公元前262年就是考烈王元年）。果然，他任黄歇为丞相，封他为春申君，赐给他淮北地区十二个县，作为他的封地。

春申君做楚国丞相的第四年（公元前259年），秦国派兵攻打赵国，两军在长平会战。结果，赵国的四十万大军战败，秦国军队包围了赵国都城邯郸，情势非常危急。赵王派使臣到楚国求救，楚王命春申君带兵救赵，秦兵退走，赵国的京城得以保全。

春申君做楚相的第八年(公元前255年)，带兵北伐，把鲁国灭掉，楚国因此又强盛起来。

春申君做楚相的第十四年(公元前249年)，秦庄襄王即位，拜吕不韦为丞相，并封他为文信侯，东周灭亡。

春申君做楚相的第二十二年（公元前241年），他和诸侯们商议，重订合纵之盟，协力攻秦，以楚国为合纵的头领。六国联军攻到了函谷关，秦国派大军迎敌，诸侯的联军败走。因为这次的失败，楚考烈王责备春申君，从此以后，他对春申君慢慢地疏远了。

公元前238年，考烈王病重，当时楚国国舅李园想取代黄歇的地位，暗中豢养刺客准备刺杀黄歇。楚考烈王去世后，李园抢先进入王宫，在再现棘门设下埋伏。黄歇前去王宫奔丧，在棘门遇刺，身首异处。

孟尝君的故事

孟尝君本名叫田文，孟尝君是他的封号。田文是齐国人，父亲是田婴。田婴是齐威王的小儿子，是齐宣王同父异母的弟弟。

田婴相齐十一年，宣王死后(公元前324年)，湣王即位，三年之后，封田婴于薛(在山东徐州以南)，从此，人们称他为薛公。

田婴有四十几个儿子，田文是他的妾生的，因为他生在五月初五，照当时的迷信说法，以为这是不吉利的，所以文生下来之后，田婴就想把他扔掉，可是他的妾不听他的话，暗中把文养大成人。

有一天，文的母亲领着文去拜见父亲，田婴一看大怒，对文的母亲说道："我叫你把这个孩子扔掉，你为什么把他养大?"

文的母亲反问田婴："你为什么不能把五月生的儿子养大呢?"

田婴答道："因为五月初五生的孩子长到和门一样高的时候，会把父母克死的。"

田文听了，冷笑一声，对父亲说道："一个人的生死是由上天决定的，不是由门来决定的。"田婴听了，无言以对。

田文又接着说："要是人的寿命是老天安排的，那么父亲何必担忧呢?如果人的寿命由门决定，那么，可以把门加高，就没有人长得和门一样高了。"

田婴觉得文的话说得有道理，就对儿子说道："好了，好了，别再说了。"

过了很久，有一天，田文去找父亲聊天。他问父亲："请问，儿子的儿子是什么?"

“是孙子。”田婴答。

“那么,孙子的孙子是什么呢?”

“是玄孙。”田婴答。

“那么玄孙的孙子是什么呢?”田文又问。

“那,我就不知道了。”田婴回答不出来,可是觉得儿子问得很奇怪。

田文就对父亲说出心里要说的话:“父亲相齐已经三代了,可是齐国的土地并没有扩充,而父亲的家产却值万金,门下一个贤士也没有。孩儿听人们说,将门必须有将,相门也必须有相。可是咱家家人穿的是绫罗绸丝,而贤士们却穿着破衣烂服;父亲的仆妾吃的是大鱼大肉,而一般贤士却吃的是糟糠;父亲还喜欢积聚钱粮,可是不知道送给什么人;对公家的事情也一天一天地疏忽,孩儿对父亲这样做法感到非常奇怪。”

田婴听了儿子田文的这一番议论,才觉得这个儿子不是等闲之辈,于是对田文另眼相看,让他主持家务,接待宾客。宾客们慢慢地投到田家门下,田文的名气也慢慢地传到诸侯的耳里,诸侯们劝薛公田婴把文立为太子,田婴答应了。

后来,田婴死了,齐王谥他为靖敦君。田文继承薛公的封号,改名为孟尝君。

秦昭王(公元前306年是秦昭王元年)听到孟尝君的大名,就派泾阳君到齐国做人质,为的是想结识孟尝君,请孟尝君去秦国为相。孟尝君想去,可是苏代(苏秦的弟弟)劝他别去,孟尝君才没去秦国。

齐湣王二十五年(公元前299年),泾阳君要回秦国,孟尝君就和他同去,秦昭王就想拜他为秦国的丞相(秦国在公元前309年设立“丞相”的职位)。可是有人进谏昭王说道:“孟尝君虽然是一位贤者,但是,他毕竟是齐国王族,他一定先为齐国效忠,然后再为秦国效力。这样一来,秦国就危险了。”

秦昭王听了这个人的谏诤,不但没用孟尝君为丞相,反把他囚禁起来。孟尝君就派人去贿赂昭王宠幸的一个妃子。妃子说:“如果我能得到你献给秦王的那件白狐裘,我就帮你的忙。”

原来,孟尝君有一件白狐皮大衣,价值千金,天下无双。可是他初见昭王的时候,已经把它献给昭王作为见面礼,他并没有另一件白狐裘可以送给王妃。现在怎么办呢?如果没有白狐裘,那么王妃就不帮忙;不帮忙,孟尝君就不会被释放出来。幸亏,孟尝君门下的食客很多,什么样的人才都有。有一个人能学狗叫,他就自告奋勇要夜间进宫,把那件白狐裘盗出来。果然,那天夜里,这个人学狗叫,进入王宫,把那件狐裘盗了出来,献给秦王的妃子。妃子就对昭王说了孟尝君不少好话,昭王果然把孟尝君释放出来。

孟尝君连夜逃出秦国,走到函谷关,天还没亮,关口大门非等鸡鸣不能打开。幸亏孟尝君的门客中有人会学鸡叫。于是就在函谷关城门下面学鸡叫,他这一叫可不得了,附近农家的鸡也都跟着叫了起来。把守关口的人听见鸡叫,果然打开城门,孟尝君才平平安安地逃回齐国。秦昭王发现白狐裘被人盗走,又听说孟尝君也逃走了,于是就派人追赶,等赶到函谷关,看见关门大开,孟尝君和随从人员早已逃出关去。

当初,孟尝君收留这两位门客时,别的门客都笑他,为什么收留这两个“鸡鸣”、“狗盗”的人。现在,经过秦国这次大难之后,他们才佩服孟尝君的眼光远大,对投在他门下的食客,不分贤愚,一视同仁。

孟尝君回到齐国,齐滑王后悔不该让孟尝君到秦国去,因此,就拜孟尝君为齐国的丞相。

孟尝君好客,凡是从诸侯各国来到齐国的人,只要投奔到薛公,不分贤愚贵贱,甚至犯罪逃亡的人,他都以礼相待,收留他们做自己的食客。因此,他的好客名声传到各国,投奔他的食客有数千人之多。

孟尝君待他们一视同仁,饮食起居和食客一样。每逢有新的客人来投奔他,他必定先和这个客人在大厅中谈一次话,屏风后面总有一个“侍史”把二人的谈话记录下来。他总要问客人,有没有亲戚、住在什么地方。等到客人走后，孟尝君一定会派人送礼物到客人的亲戚家,表示回敬。

有一次，孟尝君同食客们一起吃宵夜，有一个人不小心把火光遮住了。一位食客很生气，以为他吃的东西很差，于是就没有吃,退席而去。孟尝君立刻站起身来,拿着自己的饭和客人比。那位客人一见,才知道孟尝君吃的和大伙儿一样,非常惭愧,拔剑自刎而死。

孟尝君怨恨秦国对他的侮辱,打算联合韩、魏两国共同攻秦。他向西周借兵借粮。苏代正在西周做相国,他建议孟尝君:“齐国帮助韩、魏和楚国打了九年的仗，曾把楚国的宛叶两城攻下，韩、魏两国比以前强多了。如果现在又攻打秦国，那么韩、魏两国就会更强。这样一来,南面不怕楚国,西面不怕秦国,齐国就会受到威胁。因此,我为你们担心。依我之见,不如让我和秦国交涉,齐国不攻打秦国,也不必向西周借兵借粮。齐国的军队开到函谷关,可是不攻打秦国。我可以奉周王之命去游说秦昭王,我就对他说‘薛公没有必要因攻打秦国，而使韩魏两国越来越强。齐国出兵攻秦，不过是要秦王叫楚王割地给齐国，秦国再把楚怀王送回楚国而与楚国讲和。’我可以告诉秦王，齐国这样做对秦有利，因为秦国就可以不卷入战争。楚王被放回国,也会感激齐国的。齐国得到楚国的割地之后，一天一天地强大起来，薛地也就可以享受太平了,不知我公以为如何?”

孟尝君接受了苏代的建议，于是命韩、魏两国派遣使臣去秦国道贺,因为三国决定不攻打秦国,齐国也不向西周借兵借粮了。

在孟尝君的食客中,有一位叫冯谖的。他因仰慕孟尝君之名,才从远地来到齐国投奔。孟尝君劈头问他：“先生远道来访有何见教?”

冯谖答道:“听说薛公好客,我穷困潦倒,无处可投,只好来投奔我公。”

孟尝君没再问什么就把冯谖安置在客舍。十天之后，孟尝君把舍长叫来问话：“冯谖每天做些什么事?”

舍长回答说道：“这位冯先生确实很穷，他只有一把破宝剑，用一根绳子拴住剑柄，每天弹着剑唱歌：‘长剑我们回去吧!我没有鱼吃。’”

孟尝君听了就把他安置在一个较好的客舍，冯谖每天就有鱼吃了。

过了五天，孟尝君又把舍长叫来问话，舍长说：“这位客人还是弹剑唱歌：‘长剑我们回去吧!我出门没有车坐。’”于是，孟尝君就把冯谖安置在一间最好的客舍，这样，冯谖出门就有车可坐了。

又过了五天，孟尝君再把舍长传来问话，舍长说：“这位客人还是弹剑唱歌，唱什么：‘长剑我们回去吧!我无家可归。’”

孟尝君听了，心里头很不愉快。这样过了一年，冯谖不再唱歌了。

孟尝君虽然封于薛地，为万户侯，可是他门下食客有三千人，当地的老百姓养活不了这么多的食客，孟尝君只好向薛地的人民放贷，希望得些利息，贴补三千食客的生活费用。可是一年过去了，借贷的人都不还利息。孟尝君为此发愁，问左右：“什么人可以去薛地讨债?”舍长答话，说道：“那位冯先生看样子能言善辩，此外，他别无所长，不如派他去薛地讨债。”

孟尝君就把冯谖请过来，对他说道：“文有食客三千人，很感荣幸。可是本地人的供奉不足以养活这些宾客，所以才放债给薛人，至今已有一年了。薛地借钱的人还没有偿还利息，恐怕客人们的供应不足，想烦先生去薛地讨债，不知先生愿不愿意?”

冯谖说道：“当然愿意为公效劳。”说完，就辞别孟尝君，到薛地去了。

冯谖来到薛地，从借钱的人收得利息十万钱，他用这些钱买酒、买牛，然后，把借钱的人全都请来，能还利息的也来，不能还利息的也来，让他们取出借券和本券一一对合之后，他杀牛备酒，和借钱的人欢聚畅饮。然后，他让他们把借券再和本券合对一下，凡能付利息的，他和他们定个日期还债，但是家贫不能付利息的，他就把他们的借券收回来烧掉。然后，对大家说道："孟尝君借钱给你们，是怕你们没有本钱做生意；向你们要利钱，是怕没钱供养他的食客。现在，你们有钱的已经约定日期还钱，没钱付利息的，你们的借券已经烧掉。大家尽管放心，开怀饮酒。你们有这样一位仁慈的薛公，将来可别辜负他呀！"大家一听都站起身来，大声欢呼，拜谢薛公的大恩大德。

孟尝君听说冯谖不但没有收回利息，并且烧毁了很多借券，非常震怒，把冯谖叫过来，问道："文有食客三千人，才放债给薛人，希望得到些利息，贴补食客的费用，所以才请先生去薛地讨债。听说先生得了钱之后，买牛买酒，还烧毁了很多借券，不知是何缘故？"

冯谖面带微笑，不慌不忙地答道："不错。要是不杀牛备酒，那些借钱的人就不会全来聚会，我们也就没法知道谁有钱谁没钱。有钱的人，我已经和他们约定日期还债；没钱的人，就是等他十年，他也还不了债。利息越累越多，急了，他会逃走，还是得不到钱，而我公反落个爱钱不爱民的恶名。我把那些借券烧了，老百姓才知道我公仁慈爱民，就越发对我公尊敬爱慕，我公仁义之名就可以传扬列国，万古流芳，难道我公还怪我做错了？"

孟尝君听了，哑口无言，心中却佩服冯谖的机智。

商 鞅

在战国初期，地处西方的秦国与另外六个大国齐、楚、燕、赵、魏、韩相比，最为弱小。但战国中期以后，它却后来居上，成为战国七雄中最为强盛的国家。这是为什么呢？一个重要的原因，就是秦孝公任用著名的改革家商鞅，并成功地实行了变法。

商鞅，原名公孙鞅，因为实行变法使秦国走上富强之路，被秦孝公封为商地（今陕西商县东南）的首领——商君，所以又被人们尊称为商鞅。

商鞅本是中原小国卫国的一个没落贵族，因为在卫国得不到重用，就到其他国家寻求用武之地。后来他听说秦孝公为了富国强兵正在四处搜罗人才，就去了秦国。

商鞅到了秦国以后，见到了秦孝公。秦孝公就问他如何才能使国家富强。他说："只要实行变法，就能使国家富强起来。具体地说，就是必须废除老祖宗留下来的过时的旧制度，制订时代需要的新制度，大力发展农业生产，使人民能吃饱饭。同时要赏罚分明，对于努力生产的农民和勇敢作战的将士要论功行赏，对于游手好闲的人和贪生怕死的将士要予以严惩。"

秦孝公对商鞅的观点深表赞同，决定进行改革，推行商鞅的变法措施。消息传开后，秦国的很多贵族害怕变法会损害自己的利益，就推举大夫甘龙出来反对变法。甘龙对秦孝公说："旧制度是不需要改变的，因为依照它照样能够有效地治理国家，使人民安居乐业。"大夫杜挚也在一旁帮腔说："旧制度的成效已经很大了，如果看不到比旧制度大百倍的成效，就不应当变法。"商鞅反驳他们说:“治理国家不能遵循一成不变的法规。圣明的君王,只要能够使国家强大，使人民得到好处，就不必拘泥于旧有的制度。”甘龙和杜挚听了商鞅的反驳后,哑口无言。

秦孝公下定决心要通过变法使秦国富强起来,就任命商鞅为左庶长(秦国的官名),专门负责变法工作。商鞅很快就拟订了一个变法方案，他担心老百姓不相信变法，就想了个办法。商鞅命人在秦国都城的南门外立了一根三丈高的木柱子,然后宣布:“谁能把这根木柱扛到北门去，赏十两黄金。”一会儿功夫，南门外就围了一群人看热闹。他们议论道:“这根木柱不粗啊,有一点力气的人都扛得动。从南门扛到北门，路也不算远，哪里要得了十两黄金的重赏啊？这分明是拿大伙儿寻开心。不理它！”第二天，商鞅见那根木柱还竖立在原地，以为老百姓是嫌赏金少，所以又派人去宣布:“谁把木柱搬到北门，就重赏黄金五十两。”这一来，有一个壮汉心动了，他从看热闹的人丛中走出来说：“我来试试吧！”说完,他就憋足力气,把木柱扛到了北门。商鞅得知后,果真赏给他五十两黄金。这件事情很快传遍了整个秦国,老百姓见面都说:“左庶长说话算话,说到就一定会做到。”

商鞅感到变法的时机成熟了，就公布了他拟订的变法方案，命令全国遵照执行。这是商鞅实行的第一次变法。

公元前350年,为了便于秦国进攻中原,商鞅建议秦孝公迁都咸阳,同时又实行了第二次变法。

商鞅变法的各项内容，在秦孝公的支持下得以顺利实施，并被秦国后来的国君沿用。秦国实力因此迅速增强,为后来秦始皇灭六国、统一天下奠定了牢固的基础。

田单出奇制胜

乐毅讨伐齐国，一路势如破竹，在短短半年内就攻克了齐国的七十余座城池，为燕国立了大功。燕昭王因此封他为昌国君，并要求他再接再厉，带领燕军攻下莒城和即墨，一举灭亡齐国。

乐毅带领燕军把莒城和即墨团团围住，但是五年过去了，也没有能够攻破这两座孤城。为什么会出现这种情况呢？难道是乐毅突然不会打仗了？或者是他居功自傲、不思进取了？都不是。

齐滑王死后，他的儿子法章即位，历史上称为齐襄王。齐国很快从群龙无首、人心浮动的局面中解脱出来。齐襄王以国君的身份号召齐国军民同仇敌忾，把燕军赶出齐国。在新国君的鼓舞下，莒城和即墨的军民更加拼命地抵抗燕军的进攻。其他地区的齐国人民听说齐襄王的号召后，也纷纷发动起义，迫使乐毅不得不分出很多兵力前去镇压，从而延缓了燕军对莒城和即墨的进攻。

另外，乐毅在即墨碰到了一个强大的对手——富有军事天赋的田单。

田单在乐毅讨伐齐国之前，只是临淄的一个无名小吏。燕军攻破临淄时，他也和好多临淄人一样，带领全家把财产搬到木头做的车子上逃命。当时好多临淄人的车子跑不快，财物被燕军抢光了。但是，聪明的田单改变了车子的结构，使车子跑起来又快又稳，他带着自己的财产安全地逃到了即墨。

后来，当乐毅派兵初次攻打即墨之时，田单和即墨军民一起守城，表现出了卓越的才能。即墨守城的将军不幸阵亡以后，人们一致推举田单做将军，领导大家抗击燕军、保卫家园。做了将军的田单，一面和即墨军民同甘共苦，一面设法改善守城的器械，加强守城的力量，挫败了燕军的多次进攻。莒城的军民听说即墨军民多次获胜的消息后深受鼓舞，他们在齐襄王的领导下，也击退了燕军的进攻。

乐毅面对机智善战的田单，也一筹莫展，只好命令燕军把即墨和莒城围困起来，想慢慢地寻找破城的机会。不知不觉地过了五年，而燕昭王也死了。

燕昭王死后，太子乐资即位，就是燕惠王。燕惠王在做太子时就和乐毅有矛盾，即位以后也不信任乐毅。田单得知这个情报后非常高兴，就使出反间计。他派间谍去燕国造谣说："乐毅之所以迟迟不能打下即墨和莒城，是因为他想留在齐国，等时机成熟时当齐王。齐国人不怕乐毅了，只怕燕国派别的大将来取代他，那样即墨和莒城就要完蛋了！"燕惠王听到谣言后，信以为真，于是派贪婪的骑劫去齐国取代乐毅。

乐毅在燕军中的威信很高，他被突然撤职，使很多燕军将士忿忿不平。骑劫到前线后，大摆主帅的架子，作威作福，引起了手下将士的怨恨。于是，燕军军心动摇。

这时候，田单又使出假投降的计策麻痹燕军的斗志。他派人带着金银珠宝到燕军大营中送给骑劫，说："将军的威名使即墨军民很害怕，所以我们田单将军打算率军投降，希望将军能够保全即墨军民的性命。"骑劫信以为真，就命令燕军准备接受齐军的投降，已经厌战的燕军将士接到命令以后，斗志更加松懈了，坐等敌人前来投降。可是，他们万万没有想到，田单已经在暗中做好了战斗准备。

原来，田单一面麻痹燕军的斗志，一面布置了一个以少胜多、以弱胜强的奇妙计策——"火牛阵"。他征集了一千多头牛，给牛身披上画有张牙舞爪的蛟龙图案的衣服，在牛角上绑着雪亮的尖刀，在牛尾巴上缚了浸透油脂的芦苇；然后乘着夜色在城墙根儿凿出几十个洞，命人把武装好的牛群从洞中赶到城外一字排开；

最后下令点燃牛尾巴上的芦苇。牛痛得受不了，顿时狂性大发，向燕军大营飞奔而去。田单亲自带领五千名勇士跟在“火牛阵”后面奋勇冲杀，留守城中的军民也敲锣打鼓，齐声呐喊。

燕军从梦中惊醒过来，见到一大群像牛又像龙的怪兽在冲天的火光中飞奔过来，后面还跟着勇敢的齐军，立刻慌作一团，争相逃命。主帅骑劫也慌忙夺路逃跑，还没等他跑出大营，就被齐军勇士们杀死了。田单率兵乘胜追击燕军，一路所向披靡，锐不可当，很快就把燕军赶出了齐国，收复了大部分国土。

田单一再使出妙计分化和麻痹敌人，最后用“火牛阵”出奇制胜，从灭亡的边缘挽救了齐国。但是，由于齐国遭受了长达五年的战祸，国力严重衰退，从此丧失了一流强国的地位。

晏子相齐

晏子名婴，是齐国人。他能言善辩，能将深刻的道理寄寓在浅显的比喻笑话之中，使人在轻松的情况下领会其中的意思，接受劝告，获得有益的启示。晏子生活俭朴、品德高尚，深受齐国老百姓的敬爱。他虽然处于高位，吃饭从不用两个荤菜，妻妾不穿丝绸衣裳。他辅佐过齐灵公、齐庄公、齐景公三代君主，后来位列相位。当君主英明，国家有法治，各方面都走上了正轨时，他就坚决照着命令去做。国家政局混乱，是非不明，他处理问题的时候，能行则行，不能行则止。因此，他能在动荡的三朝都担任重要职务而扬名于诸侯各国。

齐景公在位时，晋国国君想攻打齐国，可又不想打没把握的仗，就派范昭先到齐国去摸摸底。范昭以观察齐国治国情况的名义来到齐国，齐景公设宴招待他，让晏子和太师作陪。宴会上，在互相祝酒时，范昭突然提出要求："请把君主的酒杯给我，我好向君主祝福。"

景公没有多想，就让人将自己的酒杯倒满酒递给了范昭。在古代，君主和臣子是有别的，范昭作为一名使者，按照外交上的礼节是不能用君主的酒杯的，君臣之间不能平起平坐。现在范昭竟然要用君主的杯子，这不是故意侮辱齐国吗？景公正在兴头上，一下子没有想到这些。

等范昭喝完了那杯酒，晏子立即下令："把这只酒杯拿下去，再给君主换一个。"仆人又拿来一个酒杯，范昭明白了换杯的意思，知道自己败给了晏子，就假装自己醉了，很不高兴地跳起舞来。他边跳边对太师说:“您能为我演奏一曲成周之乐吗?我为您跳舞。”

晏子一听,急忙给太师使眼色,太师立即明白,说:“我的技艺不高,不会演奏这样的音乐!”范昭被拒绝后,很不高兴,酒宴还没散席,便径自走了。

景公急了,埋怨晏子不该得罪晋国派来的使者。晏子说:“大王您不用着急,不会坏事。范昭不是不懂得礼节的人,他之所以要这样做,只不过是要试一下我们君臣的态度。”

景公还是没有明白过来,便责备太师说:“你为什么不给客人演奏成周之乐呢?”

晏子赶忙替太师回答:“成周之乐是天子的乐章,只有君主跳舞时才能演奏。范昭是晋国的臣子,怎能用天子的乐章为他伴舞呢?”景公听了,终于明白过来。

范昭回国后,把在齐国的经历告诉了晋君,并对晋君说:“齐国是不能攻打的。我想试试他们君臣的态度,他们并不因为我国的强大而怕我,特别是晏子,正气凛然,没有一点儿害怕的神色,所以我认为齐国是不可以欺侮的。”

晋君听了,立刻打消了带兵攻打齐国的念头。晏子运用他的智慧,凭着他的胆识,使齐国转危为安。

齐景公一直想为他的宫殿修一个高台,以便能登高欣赏宫廷外面的景色,设宴游玩,可他每次提出来,都遭到晏子的强烈反对。这一年冬天,景公派晏子出使鲁国,等他一走,景公马上下令让都城的老百姓们帮他修高台。寒冬腊月,北风刺骨,人们怀着一肚子的怨气,忍着饥饿,冒着寒冬去服劳役,十分悲苦。

晏子听到这个消息后,赶快办完事,骑上快马,日夜赶路,回到齐国。他先向景公报告了出使情况,景公非常满意,就留他在宫中喝酒,晏子见景公心情愉快,就趁机说:“我请求给大王来唱支歌吧!”景公更加高兴地接受了,晏子于是低声唱起来:“老百姓的议论真悲惨,透骨的冰水泡着我,无情的饥饿围着我,君王却催逼造高台,眼看就要被冻死了啊,我能怎么办!”

晏子唱完后长叹一声,泪流满面。景公见晏子如此伤心,又想起老百姓们的怨言,心里也很不好受,就劝晏子说:“快别这样了,是为了修高台的事吧,我马上停止修筑就是了!”晏子忙起身谢景公,然后直奔高台工地。

到了工地,晏子阴着脸,呵斥那些冷得缩成一团不干活的人:“我们有房子住又能遮风避雨,全是君主的恩惠。如今君主让你们修个台子,你们就埋怨怠工,你们想干什么?还不快去干活!”

修高台的老百姓听了,又惊又气,晏子不为他们说话,反倒斥责他们,一个个都非常不满。晏子却满意地快步走了。他刚一走,景公就传令:“立即停止筑台!”一声令下,百姓们赶快收拾东西,回家去了。晏子为什么要这样做呢?原来,晏子是要老百姓怨恨自己而感谢君主。他明白,如果百姓们都感谢自己而怨恨君主,自己的威信过高,就有可能使君主怕自己而感到不安全,那样,就没有机会为老百姓说话了。所以,他宁愿自己受委屈,自己被误解。

晏子不仅在外交、治国方面时时充满着智慧,在发现人才方面也常常带着一双睿智的眼睛。晏子贵为相国,位尊权重,十分繁忙。他的马夫整天趾高气扬地驾着马车来来去去,好像自己也是相国,一副自高自大的样子。

车夫的妻子见了,心里不好受,丈夫不过是个车夫,驾的是人家的车,吃的穿的都要仰仗人家,非但不以为耻,反而认为是莫大的荣耀,真是没出息。

一天,妻子对车夫说:“你看相国名声远扬,诸侯们都很敬佩他,他举止稳重,待人随和,而你就不同了,只不过是个赶车的,受别人使唤,但我看你那神态,非常满足的样子,让我感到羞耻!”

车夫听了非常惭愧,回想一下自己的行为,脸立刻变得通红,于是下定决心,以后要坚决改正。

第二天,车夫一改从前那种骄傲而瞧不起人的神态,变得和善而有礼貌，晏子看惯了车夫平日里的神色，见他一下子有了很大的变化，感到很奇怪，就问他是怎么回事。车夫把事情原原本本地告诉了晏子，并承认了自己的行为给晏子带来了不好的影响。晏子听后，并没有责罚车夫，反而发现车夫是个忠诚的、知错能改的人，心里很高兴。过了不久，晏子又发现车夫很有才能，于是，不嫌他出身卑微，推举他做了大夫。车夫后来果然协助齐君治国，取得了很好的成就。

伍子胥

伍子胥是楚国人，他父亲叫伍奢，哥哥叫伍尚。他们是楚庄王时名臣伍举的后裔。楚平王时，伍奢为太子建的太傅，辅佐太子。费无忌为太子建的少傅，位在伍奢之下。楚为了联秦抗晋，派人到秦国为太子建求亲。当时，秦晋关系恶化，于是秦哀公以女儿伯嬴相许。费无忌奉命去秦国迎亲，发现伯嬴十分美貌，他知道平王是酒色之徒，为了讨好平王，就建议平王自己娶了伯嬴，而以伯嬴从秦国带来的一名侍女冒充公主嫁给太子建。平王见伯嬴果然有绝色之美，竟然接受了费无忌的建议，不顾人伦，将伯嬴据为已有。这样，费无忌当然不敢再回到太子那里去了，就留在平王身边。但是，费无忌总是担心着，他想：将来平王死了，太子继位，这条老命还保得住吗？

有一天，费无忌对平王说："太子因为你夺了他的伯嬴，一直不满，怀恨在心，你要防备一些。听说太子到城父以后，在加紧训练军队，交结诸侯，恐怕会要兴兵作乱。"伯嬴的问题正中了平王的要害，他勃然大怒，把辅佐太子的伍奢召来拷问，并派兵去杀太子建，太子建得信，急忙逃奔到宋国去了。

费无忌觉得虽然驱逐了太子，但隐患并没有根除，又唆使平王杀伍奢父子三人。使者逮捕了伍尚，不见伍员，知其逃走，急忙追赶。伍员见使者追来，他转身挺胸站着，弯弓搭箭对着他们，伍员身材魁梧，武艺高强，特别精于箭法。使者一看不好，抱头鼠窜，狼狈而逃。伍尚到都城后，和伍奢一道被杀。

伍子胥出逃到了宋国，正遇上宋国内乱，见宋国呆不下去了，就和太子建一起投奔郑国。郑定公同情太子建的遭遇,很友善地接纳了他。不久,太子建打算为晋作内应灭掉郑国,被郑察觉,郑人诛灭太子建。伍子胥得知这个消息,大惊,急忙带了太子建的儿子胜逃出郑国,取道吴楚边境的昭关,打算逃往吴国。

费无忌杀了伍奢、伍尚之后,便在楚国各地悬赏缉拿伍子胥。伍子胥偷过昭关,跑到江边,发现前无去路,后有追兵。伍子胥在束手无策、准备以死相拼的时候,忽然看到江边有一只小渔船,船上有个捕鱼的老头。伍子胥忙上前哀求相救。老渔夫见义勇为,将他们渡过了江,使他们脱离了险境。伍子胥对救命恩人非常感激,但身边没有什么值钱的东西可以表示自己的心意,就解下宝剑,双手捧着对渔翁说:“这把剑是我传家之宝,价值百金,送给你老人家。”渔翁笑着说:“楚国早就颁布了一项命令,如有人捉得伍子胥,赏给五万担粮食,并任命为大夫的官职,那岂只一把价值百金的宝剑?你还是收起留着自己用吧!”伍子胥再三拜谢而去。

由于风餐露宿,颠沛流离,担尽风险,伍子胥还没有到吴国都城就病倒了,这时盘缠也已用尽,只好沿途乞食。他历尽千辛万苦,九死一生,终于到了吴都。当时,吴王僚在位,公子光为大将。伍子胥穷途潦倒,又初来乍到,人生地不熟,费尽周折才见到了吴王。吴王僚见伍子胥相貌轩昂,同他说古论今,又知道他很有才能,就任命他为大夫。

伍子胥说服了吴王出兵伐楚,替他报仇,但公子光一心想夺取王位,怕伍子胥得到吴王的宠信而不能为他所用,于是对吴王僚说:“伍子胥的父兄被楚平王杀害,他之所以劝你进攻楚国,是为了报私仇。打胜了,他出了冤气;打败了,倒霉的是我们吴国。”吴王僚认为公子光讲得有道理,立即撤兵而回。伍子胥听说撤军是由于公子光的建议,心里也就明白公子光是打算夺取王位而不想远离国土。

伍子胥知道伐楚的事,一时是没有希望了,便辞去大夫的职务,在吴王僚赏赐的一块不大的土地上耕种度日。

没过几天，公子光带了许多礼物，前来拜访伍子胥。伍子胥揣度形势，认为只有协助公子光夺位成功，才有机会借吴国的力量去报仇雪耻。于是，他开始暗地里为公子光效劳。

公元前516年冬天，楚平王去世，吴王僚趁此机会于第二年春季派弟弟公子盖余和公子烛庸领兵攻楚，派叔叔季札到晋国去通好。盖余和烛庸围困了楚的潜城，潜城楚军坚守不出。楚发兵救潜，截断了吴军的归路。

这时，吴王僚的亲信都离开了都城，国内空虚，公子光认为时机已到，机不可失。于是与伍子胥一起设计，派亲信专诸暗杀了吴王僚，自立为王，他就是春秋后期著名的吴王阖庐(即阖闾)。

吴王阖庐打算进攻楚国，正在考虑用谁为将的时候，齐国人孙武前来求见。吴王问其所长，孙武呈上他的著作兵法十三篇。吴王每看一篇，口里都称赞不已。经过一番考查后，阖庐觉得孙武确实善于用兵，于是，任命他为大将军。

公元前512年，吴军伐楚。他们开始采取轮番袭扰的战术，使楚每年都苦于吴军的入侵而疲于奔命，消耗了实力。

公元前506年，吴联合唐、蔡两国发动了全面攻势。吴攻楚，从水路是逆水而上，孙武用兵的一个特点是“兵贵神速”。于是，他把战船都留在淮水港汊多而又比较隐蔽的地方，军士上岸急行军，这样，出楚不意，迅速到达汉阳，驻扎在汉水北岸。

这时，楚军驻守南岸，两军夹汉水而相对峙。楚将子常认为吴军只习惯于水上作战，陆地交锋不是他们所长，趁吴军刚到，就渡汉水进行突然袭击。孙武早料到这一点，设伏兵大败楚军。楚军仓皇退到柏举(湖北麻城)，而吴军则越过大别山，也到达此地，正与楚军相遇。吴王的弟弟夫概请求立即领兵出击，阖庐比较慎重，没有同意。夫概血气方刚，就擅自带了自己的所属部队五千人直往楚营冲去。

孙武听到夫概已出击，恐怕有失，忙派伍子胥领兵去接应。吴、楚之间的柏举大战就这样展开了。结果，楚军大败，楚将子常感到无面目回国，逃奔到郑国去了。吴军乘胜前进，五战五胜，所向披靡，直入楚都郢，楚昭王带了一部分大臣仓皇逃走。

伍子胥到处搜寻楚昭王，遍寻不见，盛怒之下，来到楚平王的墓前，喝令军士掘开平王的坟墓。伍子胥看着平王的尸身，心中沮丧，暗道："可恨我不能早日带兵伐楚，手刃仇人，使你得成一具完尸，真愧对父兄冤魂！"他越看越恼，越想越气，忍不住抽出鞭来，朝着楚平王尸身抽去。他一边抽打，一边怒吼，将平王尸骨打得稀烂。

吴军入郢的时候，伍子胥出逃楚国时的好友申包胥躲在附近的山中，听说伍子胥挖墓鞭尸，觉得很难过，就写了封信，派人送给伍子胥。信中说："你报仇太过分了吧！人多势众，虽然能逞凶暴于一时，但决不会长久的。你原先是平王的臣，他死了，你对他进行这样的侮辱，真是悖天逆理到极点了。"

伍子胥看完信，对来人说："请你为我感谢申包胥，并请转告他：我志在报仇，常常担心自己死去不能实现这个愿望，譬如一个人外出旅行，前面路程还很远，而天色已晚，那就只顾急急奔走而不会想到其他问题了。在这样的情况下，你怎么能要求我按情理道义办事呢？"

伍子胥觉得鞭尸还不能雪恨，一定要找到楚昭王，把楚国彻底消灭。楚国危在旦夕。申包胥看到情况越来越严重，就昼夜兼程，只身跑到秦国告急，哀求秦国出兵相救。因为楚平王的夫人，楚昭王的母亲，是秦哀公的女儿伯嬴，申包胥想，凭这个关系，秦也不能坐视不理。哪里知道秦哀公有所顾虑，不愿意出兵。

申包胥仅存的这一线希望破灭了，眼看楚国即将灭亡而无能为力，就站在秦国宫廷之上大声痛哭起来，不论什么人相劝也劝不住，七天七夜，哀号之声不绝，莫说吃饭，就连一滴水也不曾进口。他的忠心诚意，终于感动了秦哀公。哀公说："楚王虽然残暴，但想不到还有这样的忠臣，楚国是不可能被消灭的。"于是，发五百辆兵车救楚，在稷地击败了吴军。

吴王阖庐为了满足伍子胥的要求,到处搜寻楚昭王,因此,在楚呆了比较长的时间。阖庐的弟弟夫概趁这个机会,偷偷地溜回国去,自立为王。阖庐听到国内有变,王位被夺,立即引兵而归,击败夫概,平定了叛乱。楚昭王见吴国发生内乱,就在秦军的帮助下,重新回到了楚都郢。

吴王阖庐在位的这个时期,由于任用了伍子胥和孙武,采纳了他们的策略,进行了一些改革,增强了国家的实力,向西打败了强大的楚国,向北威镇齐国、晋国,向南降服了越国。

勾践卧薪尝胆

吴王阖闾打败楚国，成了南方霸主。吴国跟附近的越国（都城在今浙江绍兴）素来不和。公元前496年，越国国王勾践即位。吴王趁越国刚刚遭到丧事，就发兵打越国。吴越两国在槜李（今浙江嘉兴西南）地方，发生一场大战。

吴王阖闾满以为可以打赢，没想到打了个败仗，自己又中箭受了重伤，再加上上了年纪，回到吴国，就咽了气。

吴王阖闾死后，儿子夫差即位。阖闾临死时对夫差说：

“不要忘记报越国的仇。”

夫差记住这个嘱咐，叫人经常提醒他。他经过宫门，手下的人就扯开了嗓子喊：“夫差！你忘了越王杀你父亲的仇吗？”

夫差流着眼泪说：“不，不敢忘。”

他叫伍子胥和另一个大臣伯嚭操练兵马，准备攻打越国。

过了两年，吴王夫差亲自率领大军去打越国。越国有两个很能干的大夫，一个叫文种，一个叫范蠡。范蠡对勾践说：“吴国练兵快三年了。这回决心报仇，来势凶猛。咱们不如守住城，不要跟他们作战。”

勾践不同意，也发大军去跟吴国人拼个死活。两国的军队在大湖一带打上了。越军果然大败。

越王勾践带了五千个残兵败将逃到会稽，被吴军围困起来。

勾践一点办法都没有了。他跟范蠡说：“我懊悔没有听你的话，弄到这步田地。现在该怎么办？”

范蠡说：“咱们赶快去求和吧。”

勾践派文种到吴王营里去求和。文种在夫差面前把勾践愿意投降的意思说了一遍。吴王夫差想同意,可是伍子胥坚决反对。

文种回去后,打听到吴国的伯嚭是个贪财好色的小人,就把一批美女和珍宝,私下送给伯嚭,请伯嚭在夫差面前讲好话。

经过伯嚭在夫差面前一番劝说,吴王夫差不顾伍子胥的反对,答应了越国的求和,但是要勾践亲自到吴国去。

文种回去向勾践报告了。勾践把国家大事托付给文种,自己带着夫人和范蠡到吴国去。

勾践到了吴国,夫差让他们夫妇俩住在阖闾的大坟旁边一间石屋里,叫勾践给他喂马。范蠡跟着做奴仆的工作。夫差每次坐车出去,勾践就给他拉马,这样过了两年,夫差认为勾践真心归顺了他,就放勾践回国。

勾践回到越国后,立志报仇雪耻。他唯恐眼前的安逸消磨了志气,在吃饭的地方挂上一个苦胆,每逢吃饭的时候,就先尝一尝苦味,自问:“你忘了会稽的耻辱吗?”他还把席子撤去,用柴草当作褥子。这就是后来人传诵的“卧薪尝胆”。

勾践决心要使越国富强起来,他亲自参加耕种,叫他的夫人自己织布,来鼓励生产。因为越国遭到亡国的灾难,人口大大减少,他订出奖励生育的制度。他叫文种管理国家大事,叫范蠡训练人马,自己虚心听从别人的意见,救济贫苦的百姓。

就这样,勾践与百姓们一起同甘共苦,经过十年的发展生产,积聚力量,又经过十年练兵,终于在公元前473年打败夫差,灭掉了吴国。

范 蠡

越王勾践卧薪尝胆二十年之后,终于平定吴国而威震天下。他又率军北渡淮河,和晋、齐的诸侯在徐州会盟,向周王进献贡品。周元王派人封勾践为方伯,统辖诸侯,诸侯们都来祝贺,越王勾践号称霸王。功臣范蠡也被封为上将军,天下敬畏。

范蠡看透了越王的为人,认为只能与他共患难,而不能共富贵。范蠡担心自己功劳太高,威名太大,将来会遭到杀身之祸,于是决定离开越国,归隐田园。

范蠡进宫向越王辞行,说:“常言道,君忧臣劳,君辱臣死。过去您在会稽战败,我本该引咎自尽,之所以留此残生,是为了替越国报仇雪耻。如今吴国已灭,大仇已报,我恳请大王能让我做一个普通百姓,平静地度过余生!”越王听后并不同意。于是,范蠡就带上轻便家产,与家人分乘几只大船,趁夜从五湖扬帆而去。

越王知道后,脸色大变,十分生气,想把范蠡一家追回来,谋臣文种百般劝说,才打消了越王的念头。

范蠡临行前曾派人给文种捎去一封信,信上写道:“飞鸟尽,良弓藏;狡兔死,走狗烹;敌国破,谋臣亡,越王的为人,心狠手辣,不可与之长享富贵。我们只有功成身退,归隐田园,望先生考虑。”

文种看了信,内心很矛盾,就采取了折衷的做法,不辞掉官职,只称病不去朝见越王,以求自保。

树欲静而风不止,朝中那些嫉恨文种的大臣,竟然造谣说他有谋反之心。一天,越王去文种府中探病,对文种说:“先生曾教给我七条灭吴的计策,我只用了三条就灭掉了吴国。请问先生,剩下四条妙计还有什么用呢？”

文种不解其意，随口说：“臣下不知道。”

越王说：“你就带着这四条妙计，去为我的父王先辈效劳吧！”说完就离开了，留下一柄佩剑放在座位上。

文种拿起越王遗落下的佩剑，仔细一瞧，原来是属镂剑，就是昔日夫差赐给伍子胥自杀的宝剑。文种终于明白了勾践的用心，不由得长叹一声说：“古人说，大德不报，我还奢望越王会因为我往日的功劳让我平静地过日子。今日死于非命，也是咎由自取，唉，真后悔没有听范蠡的话啊！”于是拔剑自杀了。

范蠡到了齐国，隐姓埋名，将带着的家产变卖，购置产业，带领全家人辛勤经营，发了大财，十分富有，后来又三次散尽家资，秘密地迁到陶地，自称为陶朱公。

范蠡有两个儿子，定居陶地后又得一子。有一次，他的二儿子在楚国犯了杀人罪，他决定让小儿子带上千两黄金前去营救。大儿子却阻挡说：“我是老大，您却不让我去，这不是表明我很无能吗？”说着就要以死相逼。范蠡不得已，只好让大儿子带上千两黄金和一封给楚国庄生的信，叮嘱他说：“一切听从安排，千万别自作主张！”大儿子到楚国，将信和千两黄金交给庄生，庄生让他尽快离开，并告诉他，即使他弟弟被放出来，也不要去打听是什么原因。大儿子虽然点头答应，却怀疑庄生的办事能力，并没有立即离开。

庄生虽然住在穷街小巷，但他博学多才，为人正直廉洁，楚王和一班大臣都奉庄生为老师，凡事都要征询他的意见。他虽然收下范家千两黄金，却并非想据为己有，而是担心不收下会使陶朱公误认为他不肯帮忙，所以他暂时收下这笔黄金，想等事情办妥后，再将黄金退还。

庄生想好了救人的计策，就进宫去见楚王，煞有介事地说：“大王，天上有颗星宿在移位，恐怕会对楚国不利，只有实行仁义之举才能化解这种危险。”

楚王于是令人封查贮存钱币的国库。通常，每逢大赦前，都会先封查钱库，然后宣布大赦。查封钱库是防备有人趁大赦之机抢劫钱库。

大儿子心中十分高兴，认为楚王大赦，弟弟自然会被免罪释放，与庄生何干，一千两黄金岂不白白送给他了？于是就去见庄生，说："现在楚王大赦，我弟弟自然会释放，所以我特来向您辞行！"庄生听出他话的意思，于是对他说："你送的千两黄金在房里，你自己去取吧！"范蠡的大儿子果然取走了黄金。

庄生觉得自己被一个无知小儿所戏弄，气愤极了，立即进宫对楚王说："大王实行大赦，这本是给楚国人施行恩惠，无可厚非，可是我听外面在议论说，陶朱公的儿子在我们楚国杀了人，他家派人带来黄金，贿赂您身边的人，想释放他家的儿子，大王实行的大赦，是给杀人犯开了方便之门。"楚王大怒，下令先处死陶朱公的二儿子，然后才宣布大赦。陶朱公的大儿子只好带着弟弟的尸体回家。

噩耗传来，陶朱公的夫人十分悲痛。陶朱公安慰她说："我早知道会有这种结果！大儿子不是不爱他弟弟，只是格外珍惜钱财罢了。老大从小跟我吃苦挣钱，知道谋生艰难，因而舍不得花钱，至于老三，一直生活在富裕的环境中，只知道吃喝玩乐，花钱大手大脚，一点也不吝惜。我开始要让小儿子去，就是因为他舍得花钱，或许能救老二。如今老大看重钱财，最终丢了老二的性命，本是意料中的事，你就不必过于悲伤了。"

范蠡最后老死在陶地，他陶朱公的称号也名扬天下。

吴 起

吴起是卫国人，喜欢研究军事，曾经在鲁国拜孔子的学生曾参为师，学习儒家之道。

有一年，齐国攻打鲁国，当时的吴起在鲁国已小有名气，有人就向鲁穆公推荐他为大将，领兵抗齐，但穆公考虑到吴起的妻子是齐国人，怕他不会为鲁国尽力，因此犹豫不决。吴起一心想着要成名立业，他认为只要能达到目的，就可以不择手段。当他知道穆公的顾虑之后，回家就把妻子杀了，表明他绝不会党附于齐国，以消除穆公的怀疑。这样，穆公终于任命他为大将，率领鲁国军队迎击齐军，把齐军打得大败而逃。

鲁国有些人对吴起不满，就到处说他的坏话。他们说："吴起这个人不仅多疑，而且非常残忍。他年轻的时候，家境比较富裕，资财在千金以上。他到一些国家进行游说，想谋取一个称心的职位，但没有如愿。结果求官不成，却把家产花光了，所以邻居和亲戚中有人嘲笑他。他一气之下，把那些讥笑他的人杀了三十多个，而后离家出走。当他与母亲话别时，在自己的胳膊上狠狠咬了一口，鲜血直流，发誓说：'如果得不到高官尊爵，我就不再回卫国。'他到了鲁国，听说孔子的高徒曾参很有学问，就拜他为师，跟随他学习。不久，家里来信，说他母亲死了，他只哭了几声就若无其事，也没有回去奔丧。因此，曾子鄙薄他，与他断绝了关系。于是，吴起放弃儒学而研究兵法。学了三年，精通了行军布阵的奥妙。当齐国攻鲁的时候，有人向鲁君推荐吴起为大将领兵抗齐，鲁君怀疑他和齐的关系。为了获得这个显耀的职位，他就把自己的齐国妻子杀掉。鲁是小国，现在虽然侥幸战胜了齐国，但齐国早晚会要予以报复；鲁国和卫国，都是姬姓国家，是兄弟之邦，吴起是卫国人，而在鲁得到重用，那是对卫国不友好的表现。”鲁穆公听到这些议论，心里开始动摇，逐渐疏远而不信任吴起了。

吴起在鲁不能得志，又听说魏文侯礼贤下士，就离开鲁国到了魏国，想到那里去施展他的才能。魏文侯不了解他，问大夫李悝：“吴起是个什么样的人？”

李悝说：“这个人贪慕名誉地位，而且好女色，但是，他军事方面的才能，就是当年齐国的大司马穰苴也比不上。”

魏文侯唯才是举，立即任命吴起为大将，领兵攻秦。吴起果然名不虚传，连战连捷，夺取了秦国五座城池。

吴起为将，能与士兵同甘共苦。在军营中，他与士兵穿一样的衣，同他们在一起吃饭；晚上睡觉，不垫被褥，和士兵一样睡在柴草上；行军的时候，不骑马，亲自把余粮包捆好和士兵一样背着。有一个士兵身上长了一个大毒疮，吴起亲自用口去帮他把脓吸出来。

这个士兵的母亲听了这件事哭起来了，别人觉得很奇怪，问她：“你儿子是个普通士兵，将军亲自为他的毒疮吸脓，这样爱护他，你还哭什么呢？”

这位母亲说：“以前，孩子的父亲也是在吴将军军中当兵，生了疮，吴将军也曾为他吸脓。战斗开始后，孩子的父亲为报吴将军之恩，奋勇向前而战死沙场。现在，吴将军又为我的儿子吸脓，我不知道他会战死在什么地方啊！我是因此才哭的啊。”

魏文侯因为吴起卓越的军事才能，并且廉洁刻苦，待人公平，深得士兵的爱戴和拥护，所以就任命他据守西河（陕西渭南一带）这一战略要地，以对付秦国和韩国的威胁。

魏文侯去世后，武侯继位。有一次，武侯由吴起陪同坐船在黄河游览顺流南下。在中途，他看到一处险峻的地方，回头对吴起说：“多美啊！我们国家的山河这样壮丽，这是我们魏国最珍贵的财富，是我们魏国的骄傲。”

吴起说：“一个国家安全的保证，是看它的政策得不得到百姓的支持，而不是凭借地势的险峻。以前，三苗氏暴虐骄横，德义不修，虽然左有洞庭、右有彭蠡(今鄱阳湖)那样险要的屏障，但还是被禹所灭；夏桀不施仁政，他虽然左有黄河、济水，右有泰山、华山，南有伊阙(河南洛阳西南)，北有羊肠(在河南沁阳北，斜坡长四十里，阔仅三步)，但最终也被商汤放逐；殷纣统治的时候，他左据孟门山，右拥太行山，恒山高耸于北，黄河流经于南，由于暴政而被武王所杀。从古到今，国家的巩固，在于实施符合民众利益的政策，而不是依靠地势的险要。君主如果不注意这个问题，现在我们同船的人将来可能都是您的敌人。”

武侯说：“你讲得有道理。”

吴起在担任西河守这一职务期间，修城治池，练兵习武，爱恤士卒，施惠于民，使魏的边防得到巩固。由于他的政绩卓著，获得了好的名声。当时，魏相国缺位，吴起以为非他莫属，但武侯挑选了田文担任这一职务。吴起很不服气，对田文说：“我想和你比比对魏国的贡献和作用，可以吗？”

田文说：“可以。”

吴起说：“率领三军，使士兵勇于牺牲，敌国不敢入侵，在这方面你我比起来哪一个强些？”

田文说：“我不如你。”

吴起说：“使各级官员都能尽忠职守，使百姓与国家同心同德，使府库充实，国家富裕，这方面你我比起来哪一个强些？”

田文说：“我不如你。”

吴起说：“据守西河，使秦国不再敢东犯我境，使韩、赵两国对我国像宾客对待主人那样的尊重，这方面你我比起来哪一个强些？”

田文说：“我不如你。”

吴起说：“既然这三方面你自己也知道比不上我，而职位在我之上,那又是什么原因呢?”

田文说:“文侯刚刚去世,继位的君主过于年轻,朝中大臣还没有完全亲附于新君,百姓对国家的前途也是持怀疑态度。在这种复杂的情况下,你是外来之人,我是本国的贵戚重臣,这个相国的重要职务是给你好些呢,还是给我好些呢?”

吴起没有做声,想了很久,回答说:“应该给你。”

田文说:“这就是我的职位在你之上的原因。”

田文去世,公叔担任相国。公叔的妻子是魏国公主。他虽然自恃是魏君的女婿,但他知道自己的才能不及田文,怕吴起不能安心处在他下面,不服从他的领导。公叔有个家臣了解公叔的这个顾虑,对公叔说:“要使吴起离开魏国是很容易的。”

公叔说:“你有什么办法?”

那个家臣说:“吴起这个人,平素自高自大,喜欢摆架子,而且好名,你可趁机先向武侯说:‘吴起,是一个真正有才干的人,而魏是小国,又与强大的秦接壤,我私下担心吴起是无意长期留在魏国的。’武侯听了一定就会问:‘那怎么办呢?’你就趁机向武侯建议:‘您用公主去逗引他,以此试探他的意图。吴起如果在此有长期打算,他必定会接受,如果没有久留的意思,他就会推托。从吴起肯不肯娶公主为妻这件事,就可推断他究竟有没有留魏之心。’武侯采纳了你的建议以后,你马上召见吴起,并邀他一同到你家去饮酒。在这时候,你故意激怒公主,使她鄙薄你,呵责你,表现出高傲而又泼辣的样子,使吴起看了感到害怕,不敢娶公主这样的贵族为妻了。武侯提亲的时候,他必然会推辞。”

公叔按照这个家臣的计划去进行活动。果然,吴起婉辞谢绝了武侯,于是,武侯怀疑吴起而不再信任他了。吴起感到恐惧,担心由此获罪被诛,便离开魏国而南往楚国。

楚悼王久闻吴起之名,知道他才能出众,所以到楚国后,就任命他为相国。吴起下车伊始,明确定出各种法令,令出必行,赏罚分明。他进行了一系列的政治改革。首先精简机构,裁减无关紧要的多余的官员，废除公族中远房亲属的特权，取消对他们的供养。他提高对士卒的待遇，并抚慰军属。一切措施，都是为了富国强兵。当时各国外交政策上，都存在着合纵和连横的斗争，一般游说之士每每假借纵横之说，到处投机。而吴起，循名责实，反对空谈。

吴起的改革，很快就收到了显著的效果：对南，平定了五岭一带的百越；北面，吞并了陈、蔡二国，排除了韩、魏的威胁；对西，进攻秦国，并取得了胜利。所以当时各国诸侯对楚的强大和扩张，都感到恐惧。但吴起的改革，触犯了楚贵族的利益，他们都想谋害他。只因为悼王是支持吴起改革的，所以他们也无可奈何。

公元前381年，悼王去世。于是，楚王的宗室大臣和那些被剥夺了特权的贵族发动叛乱，各带家兵入朝来攻杀吴起。吴起措手不及，逃到悼王停尸的地方躲藏起来，但后面追兵已到，吴起知道躲不脱、跑不掉了，就伏在悼王尸体上痛哭。追击吴起的人不敢手执武器闯进灵堂，就站在门口用箭朝吴起射去。乱箭之下，既射死了吴起，也有些箭射中了悼王的尸体。

楚肃王即位，命令令尹(即相国)清查因射杀吴起而射中悼王尸体的人。根据楚国法律，用武器伤害楚王者要灭族，所以因这次事件而被灭族的楚贵族有七十多家。

淳于髡善辩

淳于髡是齐国人，才智非凡，精通各家学说，能言善辩，为人行事也很特别，又十分风趣幽默，多次代表齐国出使各诸侯国。

公元前349年，楚王出动大军入侵齐国，情况十分危急。齐威王派淳于髡带上百斤黄金，马车十辆，火速到赵国去请求救兵。

淳于髡听威王说要让他带黄金去向赵国求救，就哈哈大笑，连系在下巴的帽子带都笑断了，弄得齐威王莫名其妙，于是问他："你是嫌礼品太少了吗？"淳于髡忙摇头："哪里，哪里，我怎么敢嫌少呢？"齐王更加糊涂了："那你笑什么？难道有什么不妥吗？"淳于髡这才收住笑，说："刚才在来的路上，我看见一个人正跪在路边向田神祈祷丰收，他端着一小杯酒，拿着一只猪蹄子祈祷说：'请神明保佑，保佑我高地的粮食装满竹篓，低地的粮食装满车辆，保佑我五谷丰登，粮食满仓。'我听见他献的东西那么少，而祈求的却那么多，不禁觉得十分好笑。现在想起来还忍不住笑。"齐王明白了他的意思，就把礼物增加到黄金千斤，白璧十对，马车百辆。淳于髡带上礼物来到赵国，将礼物献给赵王。经过他一番游说，赵王高兴地派出精兵十万，战车千辆，浩浩荡荡地来支援齐国。楚国听到赵国出重兵救齐国，连夜把进攻齐国的兵马撤退了。大难一过，齐威王又开始彻夜饮酒作乐，不问朝政之事。诸侯都乘机前来侵犯，国家危在旦夕。

有一天，齐威王在后宫摆酒设宴，召见淳于髡，赐他喝酒，问："先生喝多少酒才醉呢？"淳于髡回答："我喝一斗酒能醉，喝一石也能醉。"齐王听了，不解地问："喝一斗就醉了，怎么能喝一石呢？”淳于髡放下酒杯，不慌不忙地答道：“这要看在什么场合喝，如果您当面赐酒，执法官站在旁边，御史站在后面，我心里害怕，趴在地上喝一斗就醉了；假如家中来了尊贵的客人，我按礼节敬酒，很受拘束，喝不到两斗就醉了；假如朋友之间交游，久别重逢，高兴地谈论往事，相互诉说心里话，边谈边喝，大约五六斗就醉了；至于乡里聚会，男女杂坐，又玩游戏，交朋友，握手攀谈、眉目传情而没有拘束，我乐在其间，可以喝一石，不过已是醉得不成样子了。所以说，喝酒过多会出乱子，欢乐到了极点就会发生悲剧，事事都是这样啊！”齐威王听了这番话，连声称好，明白了乐极生悲的道理，于是停止了整夜宴饮，开始专心治理国家。

又有一段时间，齐国与楚国的关系友好，经常往来。一天，齐王派淳于髡出使楚国，并让他带只珍稀的黄鹄进献给楚王。淳于髡庄重地接过鸟笼，看着那只黄鹄，金黄的羽毛是那样鲜艳润泽，伶俐的小嘴和小爪是那样逗人喜爱，鸟笼外系着金黄的丝带，显得那么高雅华贵。

淳于髡明白，此鸟非同一般，而齐国到楚国的路途又很远，于是他格外小心，准备了充足的鸟食和水。由于路途坎坷不平，车子上下颠簸不知什么时候，鸟儿扑腾一下子飞出了笼子，飞向天空。淳于髡慌忙用手去抓，却没抓着，只好眼睁睁地看着黄鹄飞走了。淳于髡看着空空的鸟笼，皱着眉毛，不知怎么办才好。他一边踱步一边想：怎么去见楚王呢？怎么回去向齐王交待呢？哎，真是进退两难！沉思了一会，他眼睛一亮，便胸有成竹地带着空鸟笼继续向楚国驰去。

来到楚国都城，淳于髡恭敬地进入了宫殿，把空空的鸟笼举过头顶，进献给楚王，楚王和大臣们你看看我，我看看你，都十分纳闷，楚王心想，进献鸟笼，他是在戏弄我吗？于是十分生气，要治他的罪。淳于髡不慌不忙地为自己辩解：“请大王听臣慢慢讲，齐王派我来送珍奇鸟儿给您，但在路上，我不忍心让它渴死，放它出来喝水时，不小心让它飞走了。我非常着急，也很难过。我本想自己用绳子勒死自己算了,可是又怕死后别人说您为了一只鸟儿把贤士逼死了,使您的名声受损,于是没有死去。鸟儿是有毛的禽类,相似的很多,我想买一只来代替,可是这样做既不诚实,又欺骗了您。我又想,不如逃到其他国家去,又害怕齐楚两国因我一个人的过失而断绝了友好交往,我不愿看见这种不愉快的局面,想来想去,还是硬着头皮来认罪,请您治我的罪吧!”说完,就跪在地上等待楚王发话。

楚王听他这么一说,很感动,称赞说:“好啊!齐国有这样的忠诚之士,真是令人敬佩啊!”最终,楚王不仅没有惩罚淳于髡,还非常热情地款待了他,并给了他很多赏赐。于是,淳于髡转祸为福,从此,齐威王更加信任他,凡是外交上的事都派他去办。

医学祖师扁鹊

我国的医学有独到的诊治疾病的方法,在春秋战国时期已经有很高的医治水平。被称为“开山祖师”的扁鹊就是春秋末期到战国初期的最有名的医生。

扁鹊,本来是传说中黄帝时代的名医。到春秋后期,有个叫秦越人的医生,因为医术高明,医德高尚,就被人们以“扁鹊”相称,他的真名却被一般人忘记了。扁鹊是齐国人,年轻的时候当过客店掌柜,后来得到老名医长桑君的指点,学会了看病治病,就开始行医了。

扁鹊在北方各地走过许多地方,到了一个地方就给当地人看病,有什么病就治什么,对于普通百姓尤其关心。老人、妇女、儿童的病,他都治得好。这样,他的名声渐渐传开了,人们都很尊敬他。

有一次,扁鹊到了虢国,走到国君的宫殿门口,听说太子刚刚死了,就急忙打听是得了什么病。有人告诉他:“太子先是呼吸不畅,气血不顺,内脏受害,然后突然气绝身亡的。”扁鹊又详细问起病人是什么时候死的,收殓了没有。然后,他郑重地说:“请转告贵国大王,我可以把太子救活。”那人不相信,扁鹊告诉他:“我看病,向来是以表知里,以里知表的。刚才听你说的这些症状,我就知道,太子没有真死,他现在下半截身子肯定还是温热的。”

国君听说名医扁鹊来了,亲自出来迎接,愁眉苦脸地请他为儿子看病。扁鹊来到太子跟前,为他切脉,又检查了各个部位,然后安慰国君说:“太子的病叫‘尸厥’,是阴阳失调的结果。其实没有死，只是一种假死。不要紧，我能治好。”

说完，扁鹊让弟子们用针刺太子的几个穴位。不一会，太子果真苏醒了。扁鹊又用灸烧燎他的两肋，太子就能坐起来了。再服汤药，又过了十多天，太子完全复元了。这消息传开以后，虢国人都说扁鹊能起死回生，把死人变成活人。扁鹊摇摇头说：“我并不能起死回生，是太子没有真死，我只不过使他恢复了健康而已。”

这说明，当时扁鹊已经能准确说出病因并用针灸给病人治病了。扁鹊还擅长望诊和切脉。他给齐国国君蔡桓公田午(是田氏齐国的桓公，不是春秋五霸的齐桓公)看病的事，就证明了这一点。

一次，扁鹊去拜见桓公午，观察了一会儿，说：“大王已经有病了，如果不治就会加重的。”桓公午却不高兴地说：“我没什么不舒服的感觉，怎么会有病呢?”扁鹊走了以后，他还对左右人说：“这些当医生的，总想显示自己高明，拿没病的人当有病的。”过了五天，扁鹊又见到桓公午，看过以后有些着急地说：“您的病已经进入血脉了，要赶紧治好才行。”桓公午气呼呼地说：“我好好的嘛，治什么病!”又过了几天，扁鹊第三次见到桓公午，吃惊地说：“您的病已经进入肠胃，再不治就危险啦!”桓公午听着厌烦，理也不理。两个人第四次见面的时候，扁鹊看了桓公午一眼，不说话，扭头就走。桓公午觉得奇怪，忙派人追上他问原因。扁鹊说：“大王的病，一开始在皮肤上，后来发展到血脉，又进了内脏，这些都可以用热敷、扎针、吃药的办法治好，可今天，我看他的病已进入骨髓，没法医治了。所以我只好离开。”

过了几天，桓公午果然发病，再派人去请扁鹊，他已经离开了齐国。桓公午不久就死了。

扁鹊行医，不但会用药物、针灸，还特别重视病人的心理状态，他认为有些病主要不是肌体的毛病，而是人的心理和生活失调。像为人骄傲任性，不讲道理，拼命追求财富，不会节制饮食，不锻炼身体造成体弱，这些都对人体有害，遇到这样的病人，他是不给治的。特别是对那些相信迷信巫术的人,他坚决不治。

扁鹊晚年，曾到秦国行医。秦武王想请他看病，可秦国医官李醯非常忌妒扁鹊，怕他给国君治好了病，影响自己的声誉和地位,竟派人把一代名医扁鹊刺杀了。

屈原沉江

楚国自从被秦国打败以后，一直受秦国欺压，楚怀王又想重新和齐国联合。秦昭襄王即位以后，很客气地给楚怀王写信，请他到武关(在陕西丹凤县东南)相会，当面订立盟约。

楚怀王接到秦昭襄王的信，不知如何是好：不去呢，怕得罪秦国；去呢，又怕出危险。他就跟大臣们商量。

大夫屈原对楚怀王说："秦国强暴得像豺狼一样，咱们受秦国的欺负不止一次了。大王一去，准上他们的圈套。"

可是怀王的儿子公子子兰却一股劲儿劝楚怀王去，说："咱们为了把秦国当作敌人，结果死了好多人，又丢了土地。如今秦国愿意跟咱们和好，怎么能推辞人家呢。"楚怀王听信了公子子兰的话，就上秦国去了。

果然不出屈原所料，楚怀王刚踏进秦国的武关，立刻被秦国预先埋伏下的人马截断了后路。在会见时，秦昭襄王逼迫楚怀王把黔中的土地割让给秦国，楚怀王没答应。秦昭襄王就把楚怀王押到咸阳软禁起来，要楚国大臣拿土地来赎才放他。

楚国的大臣们听到国君被押，把太子立为新的国君，拒绝割让土地。这个国君就是楚顷襄王。公子子兰当了楚国的令尹。

楚怀王在秦国被押了一年多，吃尽苦头。他冒险逃出咸阳，又被秦国派兵追捕了回去。他连气带病，没有多久就死在秦国。

楚国人因为楚怀王受秦国欺负，死在外头，心里很不平。特别是大夫屈原，更是气愤。他劝楚顷襄王搜罗人才，远离小人，鼓励将士，操练兵马，为国家和怀王报仇雪耻。

可是他这种劝告不但不顶事,反倒招来了令尹子兰和靳尚等人的仇视。他们天天在顷襄王面前说屈原的坏话。

他们对楚顷襄王说:“大王没听说屈原数落您吗?他老跟人家说:大王忘了秦国的仇恨,就是不孝;大臣们不主张抗秦,就是不忠。楚国出了这种不忠不孝的君臣,哪儿能不亡国呢?大王,你想想这叫什么话!”

楚顷襄王听了大怒,把屈原革了职,放逐到湘南去。

屈原抱着救国救民的志向,富国强民的打算,反倒被奸臣排挤出去,内心十分气愤。他到了湘南以后,经常在汨罗江(在今湖南省东北部)一带一边走,一边唱着伤心的诗歌。

附近的庄稼人知道他是一个爱国的大臣,都挺同情他。这时候,有一个经常在汨罗江上打鱼的渔父,很佩服屈原的为人,但就是不赞成他那愁闷的样子。

有一天,屈原在江边遇见渔父。渔父对屈原说:“您不是楚国的大夫吗?怎么会弄到这等地步呢?”

屈原说:“许多人都是肮脏的,只有我是个干净人;许多人都喝醉了,只有我还醒着。所以我被赶到这儿来了。”

渔父不以为然地说:“既然您觉得别人都是肮脏的,就不该自命清高;既然别人喝醉了,那么您何必独自清醒呢!”

屈原反驳说:“我听人说过,刚洗头的总要把帽子弹弹,刚洗澡的人总是喜欢掸掸衣上的灰尘。我宁愿跳进江心,埋在鱼肚子里去,也不能拿自己干净的身子跳到污泥里,去染得一身脏。”

由于屈原不愿意随波逐流活着,到了公元前278年五月初五那天,他终于抱着一块大石头,跳到汨罗江里自杀了。

附近的庄稼人,得到这个消息,都划着小船去救屈原。可是一片汪洋大水,哪儿有屈原的影儿。大伙儿在汨罗江上捞了半天,也没有找到屈原的尸体。

渔父很难受,他对着江面,把竹筒子里的米撒了下去,算是献给屈原的。

到了第二年五月初五那一天，当地的百姓想起这是屈原投江一周年的日子，又划了船用竹筒子盛了米撒到水里去祭祀他。后来，他们又把盛着米饭的竹筒子改为粽子，划小船改为赛龙船。这种纪念屈原的活动渐渐成为一种风俗。每年农历五月初五的端午节，据说就是这样来的。

屈原死后，留下了一些优秀的诗歌，其中最有名的是《离骚》。他在诗歌里，痛斥卖国的小人，表达了他忧国忧民的心情，对楚国的一草一木，都寄托了无限的深情。屈原不愧为我国古代杰出的爱国诗人。

赵奢救韩

秦昭襄王用范雎为丞相后，积极推行远交近攻的策略。他先与齐国订了盟约，然后放了在秦国当了十年人质的楚太子熊完，接着便开始集中力量攻击离秦最近也最弱的韩国。

公元前264年，秦国攻打韩国，军队驻扎在阏与。韩国国小力微，抵挡不住秦国的进攻，就派人向赵国求救。

赵惠文王见韩国求救，忙召见大将军廉颇，问道："可不可以去救援阏与呢？"廉颇回答说："从这里到阏与路途遥远，而且那里地形险峻，很难救援。"赵王又问将军乐乘，乐乘的回答和廉颇一样，相国蔺相如也认为难救。平原君赵胜说："韩赵唇齿相依，不救韩，秦国可能回来攻打我们赵国。"只有管理财政的赵奢沉默着没有讲话。赵王又问赵奢，赵奢信心十足地说："这里去阏与的路确实狭窄难走，但两支军队在狭路上相遇，就好比两只老鼠在洞中搏斗一样，哪只勇敢，哪只就能获得胜利。"赵王很欣赏他的勇气，于是任命赵奢为大将，领兵救援阏与。

赵奢带了五万士兵，刚出赵都邯郸三十里，就下令安营扎寨，同时严令全军："任何人不得议论军中之事，违令者一律处死！"于是关闭军寨，整天睡大觉，军中安静极了。驻扎在阏与城以西的秦军却喊声震天地加紧操练，鼓声如雷，就连阏与城内屋顶上的瓦片都被震得晃动起来。赵军中有一个军官建议赵奢急救阏与，赵奢认为他违反了军令，立刻斩杀了他。从此，再没有人敢议论战事。

赵军就这样一连停留了二十八天，不但没有前进的意思，反而还不断加固营垒。秦军将领听说赵国派兵救韩，却不见赵军的踪影，就派间谍前去打探。秦军间谍混入赵营中，赵奢假装自己并不知道，还好酒好菜款待了间谍。间谍将探得的情况报告了秦将，秦将十分欢喜，得意地说："赵奢离开邯郸三十里就不敢前进了，现在又加固营垒，这分明是害怕我们嘛！阏与必定为我们秦王所拥有了。"于是不再为抵抗赵军作准备，只是一心一意地攻打韩国。

赵奢等秦军间谍一走，估计他三天就能到秦营，就立即下令全军卷起铠甲武器，快步向阏与前进，只用了二天一夜就到达阏与附近。赵奢命令神箭手到离阏与十五里的地方驻扎，修筑营垒，严阵以待。

赵军从天而降，使秦军吃惊不小。秦将想乘赵军刚刚赶到，立足未稳，向赵军发起进攻。

这时，赵军军士许历冒死去见赵奢，说："秦军想不到我们会突然来到这里，这一仗他们必定来势很猛，将军您务必集中兵力对付秦军，不然会吃败仗的！"

许历又说："我违反您的军令，请您治罪。"

赵奢露出赞赏的神情，说："等回到邯郸以后再说。"

许历松了一口气，又建议说："兵法说：'得地利者胜。'阏与的地形，北山最高，而秦将不晓得据守，留给了将军，请您赶快占领！"于是赵奢命令全军急速去占领北山，等秦军来抢占时，赵军早已在上面严阵以待。

赵军在赵奢的指挥下，居高临下，势如破竹，不用几个回合，就打得秦军仓皇而逃，阏与之危立即解除。赵奢带兵凯旋而归。

赵奢智败秦军，一战成名，被封为马服君，地位和廉颇、蔺相如相同。赵奢向赵王推荐许历，许历被封为国尉。

赵奢的儿子赵括自幼喜欢读兵书，对兵法十分熟悉，讲起军事理论来头头是道，在地图上排兵布阵也无懈可击。他与父亲赵奢谈论用兵之道，赵奢也难不倒他。

当时人们都认为赵括是军事天才，赵括也认为自己是天下第一。然而赵奢却不这样认为，说他不适合领兵打仗。

赵括的母亲问起原因，赵奢说："战争是关系到国家存亡的大事，可是括儿却轻易谈论，把它当做儿戏。日后赵国不用括儿为将倒也没事，假如用他为将，那么，使赵国军队毁灭的人就一定是他了。"

公元前259年，秦军攻打上党。此时赵奢已死，赵王派老将廉颇领军前往救援。赵军与秦军在长平对峙，赵军数战不利。廉颇针对秦强赵弱的形势，命令赵军修筑深沟高垒，坚守不出，两军相持数月，秦军多次挑战，可是廉颇坚持不出战。

秦军久攻不下，就派间谍到赵国都城散布言论说："秦国最怕的就是马服君赵奢的儿子赵括做统帅，廉颇很容易对付，他很快就会向秦军投降了！"

赵王一直认为廉颇坚守不出，有失国威。听到这些言论后，赵王不顾赵括母亲的劝说，坚持任命赵括为大将，代替廉颇领兵作战。赵括完全改变了廉颇的作战部署，准备与秦军决战。

秦军的统帅是久战沙场的名将白起，他利用赵括没有实战经验、年轻气盛、求战心切的弱点，以诈败为诱饵，把赵军分割包围于旷野。被秦军围困了四十多天后，赵军军心动摇。最后，赵括在突围中被乱箭射死，赵国四十万大军投降后，全部被秦军坑杀了。

毛遂自荐

秦国大军攻打赵都邯郸，赵国虽然竭力抵抗，但因为在长平遭到惨败后，力量不足。赵孝成王要平原君赵胜想办法向楚国求救。平原君是赵国的相国，又是赵王的叔叔。他决心亲自上楚国去跟楚王谈判联合抗秦的事。

平原君打算带二十名文武全才的人跟他一起去楚国。他手下有三千个门客，可是真要找文武双全的人才，却并不容易。挑来挑去，只挑中十九个人，其余都看不中了。

他正在着急的时候，有个坐在末位的门客站了起来，自我推荐说："我能不能来凑个数呢？"

平原君有点惊异，说："您叫什么名字？到我门下来有多少日子了？"

那个门客说："我叫毛遂，到这儿已经三年了。"

平原君摇摇头，说："有才能的人活在世上，就像一把锥子放在口袋里，它的尖儿很快就冒出来了。可是您来到这儿三年，我没有听说您有什么才能啊。"

毛遂说："这是因为我到今天才叫您看到这把锥子。要是您早点把它放在袋里，它早就戳出来了，难道光露出个尖儿就算了吗？"旁边十九个门客认为毛遂在说大话，都带着轻蔑的眼光笑他。可平原君倒赏识毛遂的胆量和口才，就决定让毛遂凑上二十人的数，当天辞别赵王，上楚国去了。

平原君跟楚考烈王在朝堂上谈判合纵抗秦的事。毛遂和其他十九个门客都在台阶下等着。从早晨谈起，一直谈到中午，平原君为了说服楚王，把嘴皮都说破了，可是楚王说什么也不同意出兵抗秦。

台阶下的门客等得实在不耐烦，可是谁也不知道该怎么办。有人想起毛遂在赵国说的一番豪言壮语，就悄悄地对他说："毛先生，看你的啦！"

毛遂不慌不忙，拿着宝剑，上了台阶，高声嚷着说："合纵不合纵，三言两语就可以解决了。怎么从早晨说到现在，太阳都直了，还没说停当呢？"

楚王很不高兴，问平原君："这是什么人？"

平原君说："是我的门客毛遂。"

楚王一听是个门客，更加生气，骂毛遂说："我跟你主人商量国家大事，轮到你来多嘴？还不赶快下去！"

毛遂按着宝剑跨前一步，说："你用不着仗势欺人。我主人在这里，你破口骂人算什么？"

楚王看他身边带着剑，又听他说话那股狠劲儿，有点害怕起来，就换了和气的脸色对他说："那您有什么高见，请说吧。"

毛遂说："楚国有五千多里土地，一百万兵士，原来是个称霸的大国。没有想到秦国一兴起，楚国连连打败仗，甚至堂堂的国君也当了秦国的俘虏，死在秦国。这是楚国最大的耻辱。秦国的白起，不过是个没有什么了不起的小子，带了几万人，一战就把楚国的国都——郢都夺了去，逼得大王只好迁都。这种耻辱，就连我们赵国人也替你们害羞。想不到大王倒不想雪耻呢。老实说，今天我们主人跟大王来商量合纵抗秦，主要是为了楚国，也不是单为我们赵国啊。"

毛遂这一番话，真像一把锥子一样，一句句戳痛楚王的心。他不由得脸红了，接连说："说的是，说的是。"

毛遂紧紧补了一句："那么合纵的事就定了吗？"

楚王说："决定了。"

毛遂回过头，叫楚王的侍从马上拿鸡、狗、马的血来。他捧着铜盘子，跪在楚王的跟前说："大王是合纵的纵约长，请您先歃血（歃血就是把牲畜的血涂在嘴上，表示诚意，是古代订立盟约的时候的一种仪式）。"

楚王歃血后，平原君和毛遂也当场歃了血。楚、赵结盟以后，楚考烈王就派春申君黄歇为大将，率领八万大军，奔赴赵国。

蔺相如完璧归赵

公元前283年，秦昭襄王派使者带着国书去见赵惠文王，说秦王情愿让出十五座城来换赵国收藏的一块珍贵的“和氏璧”，希望赵王答应。

赵惠文王就跟大臣们商量，要不要答应。要想答应，怕上秦国的当，丢了和氏璧，拿不到城；要不答应，又怕得罪秦国。议论了半天，还不能决定该怎么办。

当时有人推荐蔺相如，说他是个挺有见识的人。

赵惠文王就把蔺相如召来，要他出个主意。

蔺相如说：“秦国强，赵国弱，不答应不行。”

赵惠文王说：“要是把和氏璧送了去，秦国取了璧，不给城，怎么办呢？”

蔺相如说：“秦国拿出十五座城来换一块璧玉，这个价值是够高的了。要是赵国不答应，错在赵国。大王把和氏璧送了去，要是秦国不交出城来，那么错在秦国。宁可答应，叫秦国担这个错儿。”

赵惠文王说：“那么就请先生上秦国去一趟吧。可是万一秦国不守信用，怎么办呢？”

蔺相如说：“秦国交了城，我就把和氏璧留在秦国；要不然，我一定把璧完好地带回赵国。”

蔺相如带着和氏璧到了咸阳。秦昭襄王得意地在别宫里接见他。葡相如把和氏璧献上去。

秦昭襄王接过璧，看了看，挺高兴。他把璧递给美人和左右

侍臣，让大伙儿传着看。大臣们都向秦昭襄王庆贺。

蔺相如站在朝堂上等了老半天，也不见秦王提换城的事。他知道秦昭襄王不是真心拿城来换璧。可是璧已落到别人手里，怎么才能拿回来呢？

他急中生智，上前对秦昭襄王说："这块璧虽说挺名贵，可是也有点小瑕疵，不容易瞧出来，让我来指给大王看。"

秦昭襄王信以为真，就吩咐侍从把和氏璧递给蔺相如。

蔺相如一拿到璧，往后退了几步，靠着宫殿上的一根大柱子，瞪着眼睛，怒气冲冲地说："大王派使者到赵国来，说是情愿用十五座城来换赵国的璧。赵王诚心诚意派我把璧送来。可是，大王并没有交换的诚意。如今璧在我手里，大王要是逼我的话，我宁可把我的脑袋和这块璧在这柱子上一同砸碎！"

说着，他真的拿着和氏璧，对着柱子做出要砸的样子。

秦昭襄王怕他真的砸坏了璧，连忙向他赔不是，说："先生别误会，我哪能说了不算呢？"

他就命令大臣拿出地图来，并且把准备换给赵国的十五座城指给蔺相如看。

蔺相如想，可别再上他的当，就说："赵王送璧到秦国来之前，斋戒了五天，还在朝堂上举行了一个很隆重的仪式。大王如果诚意换璧，也应当斋戒五天，然后再举行一个接受璧的仪式，我才敢把璧奉上。"

秦昭襄王想，反正你也跑不了，就说："好，就这么办吧。"

他吩咐人把蔺相如送到宾馆去歇息。

蔺相如回到宾馆，叫一个随从的人打扮成商人的模样，把璧贴身藏着，偷偷地从小道跑回赵国去了。

过了五天，秦昭襄王召集大臣们和别国在咸阳的使臣，在朝堂举行接受和氏璧的仪式，叫蔺相如上朝。蔺相如不慌不忙地走上殿去，向秦昭襄王行了礼。

秦昭襄王说："我已经斋戒五天，现在你把璧拿出来吧。"

蔺相如说："秦国自秦穆公以来，前后二十几位君主，没有一个讲信义的。我怕受欺骗，丢了璧，对不起赵王，所以把璧送回赵国去了。请大王治我的罪吧。"

秦昭襄王听到这里，大发雷霆。说："是你欺骗了我，还是我欺骗你？"

蔺相如镇静地说："请大王别发怒，让我把话说完。天下诸侯都知道秦是强国，赵是弱国。天下只有强国欺负弱国，绝没有弱国欺压强国的道理。大王真要那块璧的话，请先把那十五座城割让给赵国，然后打发使者跟我一起到赵国去取璧。赵国得到了十五座城以后，决不敢不把璧交出来。"

秦昭襄王听蔺相如说得振振有辞，不好翻脸，只得说："一块璧不过是一块璧，不应该为这件事伤了两家的和气。"结果，还是让蔺相如回赵国去了。

蔺相如回到赵国，赵惠文王认为他完成了使命，就提拔他为上大夫。秦昭襄王本来也不是真心想用十五座城去换和氏璧，不过想借这件事试探一下赵国的态度和力量。蔺相如完璧归赵后，他也没再提交换的事。

将相和

秦昭襄王一心要使赵国屈服，接连侵入赵国边境，占领了一些土地。公元前279年，他又耍了个花招，请赵惠文王到秦地渑池（今河南渑池县西）去会见。赵惠文王开始怕被秦国扣留，不敢去。大将廉颇和蔺相如都认为如果不去，反倒向秦国示弱。

赵惠文王决定硬着头皮去冒一趟险。他叫蔺相如随同他一块儿去，让廉颇留在本国辅助太子留守。

为了防备意外。赵惠文王又派大将李牧带兵五千人护送，相国平原君带兵几万人，在边境接应。

到了预定会见的日期，秦王和赵王在渑池相会，并且举行了宴会，高兴地喝酒谈天。

秦昭襄王喝了几盅酒，带着醉意对赵惠文王说："听说赵王弹得一手好瑟。请赵王弹个曲儿，给大伙儿凑个热闹。"说罢，真的吩咐左右把瑟拿上来。

赵惠文王不好推辞，只好勉强弹一个曲儿。

秦国的史官当场就把这事记了下来，并且念着说："某年某月某日，秦王和赵王在渑池相会，秦王令赵王弹瑟。"

赵惠文王气得脸都发紫了。正在这时候，蔺相如拿了一个缶（一种瓦器，可以打击配乐），突然跪到秦昭襄王跟前，说："赵王听说秦王挺会秦国的乐器。我这里有个瓦盆，也请大王赏脸敲几下助兴吧。"

秦昭襄王勃然变色，不去理他。

蔺相如的眼睛射出愤怒的光，说："大王未免太欺负人了。秦国的兵力虽然强大，可是在这五步之内，我可以把我的血溅到大王身上去！”

秦昭襄王见蔺相如这股势头，十分吃惊，只好拿起击棒在缶上胡乱敲了几下。

蔺相如回过头来叫赵国的史官也把这件事记下来，说：“某年某月某日，赵王和秦王在渑池相会。秦王给赵王击缶。”

秦国的大臣见蔺相如竟敢这样伤秦王的体面，很不服气。

有人站起来说：“请赵王割让十五座城给秦王上寿。”

蔺相如也站起来说：“请秦王把咸阳城割让给赵国，为赵王上寿。”

秦昭襄王眼看这个局面十分紧张。他事先已探知赵国派大军驻扎在临近地方，真的动起武来，恐怕也得不到便宜，就喝住秦国大臣，说：“今天是两国君王欢会的日子，诸位不必多说。”这样，两国渑池之会总算圆满而散。

蔺相如两次出使，保全赵国不受屈辱，立了大功。赵惠文王十分信任蔺相如，拜他为上聊，地位在大将廉颇之上。

廉颇很不服气，私下对自己的门客说：“我是赵国大将，立了多少汗马功劳。蔺相如有什么了不起？倒爬到我头上来了。哼！我见到蔺相如，总要给他点颜色看看。”这句话传到蔺相如耳朵里，蔺相如就装病不去上朝。

有一天，蔺相如带着门客坐车出门，正是冤家路窄，老远就瞧见廉颇的车马迎面而来。他叫赶车的退到小巷里去躲一躲。让廉颇的车马先过去。

这件事可把蔺相如手下的门客气坏了，他们责怪蔺相如不该这样胆小怕事。

蔺相如对他们说：“你们看廉将军跟秦王比，哪一个势力大？”

他们说：“当然是秦王势力大。”

蔺相如说：“对呀！天下的诸侯都怕秦王。为了保卫赵国，我就敢当面责备他。怎么我见了廉将军倒反怕了呢。因为我想过，强大的秦国不敢来侵犯赵国，就因为有我和廉将军两人在。要是我们两人不和，秦国知道了，就会趁机来侵犯赵国。就为了这个，我宁愿忍让点儿。”

有人把这件事告诉廉颇，廉颇感到十分惭愧。他就裸着上身，背着荆条，跑到蔺相如的家里去请罪。他见了蔺相如说：“我是个粗鲁人，见识少，气量窄。哪儿知道您竟这么忍让我，我实在没脸来见您。请您责打我吧。”

蔺相如连忙扶起廉颇，说：“咱们两个人都是赵国的大臣。将军能体谅我，我已经万分感激了，怎么还来给我赔礼呢。”

两个人都激动得流下眼泪。打这以后，两人就成了知心朋友。

秦始皇统一天下

春秋战国末期,秦国通过变革和对外侵占,国力日益强盛,领土不断扩大,已上升为一个令各诸侯国敬畏的超级大国。

秦国的强大,吸引了各国的豪杰之士,贤能之才,他们纷纷来到秦国,以求做出伟大的业绩。秦王政觉得要征服天下,就应该不分国界、不分姓氏地重用并奖励有才能的人。从魏都来到秦国的尉缭对秦王说:"秦国已经非常强大了,相比之下,诸侯就像一个郡的长官,无法与秦国抗衡。但假如各国采取合纵的策略,联合在一起对秦国发动出其不意的袭击,秦国就十分危险了。我希望大王不要吝惜财物,派人去贿赂各国有权势的大官,打乱他们联合抗秦的计划!"秦王非常赞同,采用了尉缭的建议,离间各国君臣间的关系,打乱了各诸侯国的连横策略。

公元前230年,秦王采用大臣们的意见,先从弱小的韩国入手,派内史腾率军攻占韩国,擒获了韩王安。韩国灭亡,成为秦国的颍川郡。

王翦继续率军进攻赵国,赵国派名将李牧和副将司马尚抵抗。李牧派兵扼守各处险要关口,秦军不敢贸然进攻。

秦王政听说后,派使者对王翦说:"将军假装与李牧议和,但不能签订和约,只是派人频繁接触李牧,这样,我方就可以从中施行反间计。"王翦依计行事,派人和李牧接洽,口称议和,双方信使频繁往来。

秦国使者又潜往邯郸,用大量金钱收买赵王宠臣郭开。使者对郭开说:"你去密告赵王,就说李牧正与秦军秘密接触,出卖赵国，秦国答应事成后让李牧在代地称王。”郭开立即去告诉赵王，说李牧如何如何。赵王十分宠信郭开，就派人到军营打探，果然发现李牧与秦军来往频繁。赵王产生了疑心，就派将军赵葱和颜聚去接替李牧和司马尚的职务。

李牧知道是郭开在暗中搞鬼，十分愤怒，拒不受命。赵王派人逮捕并杀了李牧，司马尚也被免职。李牧死后，赵军军心大乱，王翦趁势进攻，大败赵军。赵葱被杀，颜聚逃脱。赵王无力抵抗，只好投降，赵国灭亡。

公元前227年，燕太子丹派荆轲刺杀秦王政。行刺失败后，秦王政肢解荆轲，暴尸示众，接着秦王政派王翦、辛胜进攻燕国，在易水边击溃了燕国和代国的联军，攻占了蓟城。燕王喜被迫杀死了太子丹，把首级献给秦王政，向秦军求和，但秦军仍不停止进攻，燕王喜只好逃往辽东郡。王翦打败燕国后，推说有病，告老还乡。

公元前225年，秦王派大将王贲攻打魏国，包围魏都大梁。秦军引汴河水淹大梁城，城墙坍塌，守城军民淹死无数。魏王假走投无路，只好投降，魏国灭亡。

公元前224年，秦将李信率领二十万大军攻打楚国，被楚将项燕击败。秦王政只得强行起用老将王翦，命他带领全国六十万军队进攻楚国。王翦在蕲南消灭楚军主力。楚王负刍被俘，楚人立昌平为王，继续抗击秦军。公元前223年，兰陵城被攻破，昌平君战死，项燕自杀身亡，楚国就此灭亡。

公元前222年，秦将王贲攻打辽东郡，俘虏了燕王喜，燕国灭亡。王贲回军又攻打代国，俘虏了代王嘉。

王贲的军队灭了燕、赵以后，又按照秦王的命令，挥师南下，进攻齐国。齐王建本来认为自己离秦国远，只图自保，不肯救援魏、韩等国，也不作边境上的防卫准备。等到此时，王贲的大军袭来，他已只剩下孤家寡人，再也无援可求了。秦军凶猛异常，以泰山压顶之势长驱直入，如入无人之境。

公元前221年,秦军攻入齐都临淄,齐王建束手就擒。六国中的最后一个诸侯国——齐国也灭亡了。

秦王政完成了统一中国的大业，他认为自己德高三皇，功过五帝,王的称号已不能显示他的至高无上的权势和地位,因此,他把古代传说中神和人最尊贵的三皇五帝的称号合二为一,号称皇帝。从此，皇帝便成为中国最高统治者的称号。他自称始皇帝，后代为二世、三世,传之无穷,以至万世。

丞相王绾认为诸侯国刚刚降服,燕、齐、荆楚这些地区,离咸阳很远,鞭长莫及,如果不在那里设立王侯,是难以控制的。他主张秦始皇把自己的儿子们分封到各地去建立诸侯国。廷尉李斯却持不同意见,他说:“周朝武王封同姓的子弟很多,到后来亲属之情疏远了,便互相攻打,像仇敌一样,诸侯各国之间你争我夺,战争频繁,周朝天子无法制止。现在,天下靠着陛下的神威和才智统一了,原来的诸侯国都改为郡县,陛下诸公子以及有功之臣都用国家收入的赋税优厚地赏赐他们,这就够了,而且容易箝制,天下就不会出现与中央对抗的局面,这是最安宁的办法。”

始皇说:“多少年来,天下之人都深受战乱之苦,这无非是因为有了诸侯国的缘故。现在托祖宗之福，天下得到一统，如果又要建立起诸侯国，就等于是在准备战争，那样想求得社会的安宁不是很难么？廷尉的意见是对的。”于是，把天下分做三十六个郡,在全国确立了郡县制。

秦二世和赵高

秦始皇统一中国后，北筑长城，南征百越，举国上下到处充满怨恨之声。

公元前210年，秦始皇第五次也是最后一次到东南一带去巡视，和他一起去的有丞相李斯、他最喜欢的小儿子胡亥和一个掌管马车的宦官赵高。他们这一队人马浩浩荡荡地经过现在的湖南、江西、江苏、浙江，一直到达南海，然后经过山东往回返。这时候正是最热的三伏天，秦始皇这个50岁的老头子折腾了一路终于中暑病倒了。他感到自己不行了，让赵高代他给大儿子扶苏写信，要扶苏回来继承王位，替他办理后事。不久，秦始皇就在沙丘平台去世了。

秦始皇一死，赵高就起了坏心眼，他并没有派人去给扶苏送信，而是把遗嘱给藏了起来。赵高曾给胡亥当过老师，他很希望胡亥继承王位，而胡亥这个人手狠心黑，早就有夺位的野心了，两个人臭味相投，又逼迫李斯和他们结成一伙。他们假造了一封遗嘱，逼公子扶苏和大将蒙恬自杀。扶苏是个忠厚老实的人，他见信后不分真伪就自杀了。大将蒙恬也被关进监牢里给弄死了。

扶苏一死，胡亥在李斯和赵高的帮助下继承了王位，这就是秦二世。秦二世不学无术，凶狠毒辣。他当上皇帝主要是靠赵高的帮助，现在更加信任赵高，把赵高封了个郎中令的大官，让他随时在自己的身边出鬼主意。

胡亥害死了公子扶苏，当了皇帝也提心吊胆。俗话说没有不透风的墙，这件事万一被百官和其他的公子知道了该怎么办呢？

赵高又给出了主意，一不做，二不休。找了几个借口把胡亥的几个哥哥和姐姐全部杀掉了。蒙恬的弟弟蒙毅带兵在外，胡亥也找个理由给杀了。胡亥为了巩固他的统治，把朝廷中的那敢于反对他的大臣也一个个杀掉了。当官的天天提心吊胆，朝廷乱哄哄的好像一锅粥，连丞相李斯也感到自身难保了。

李斯本来是一个比较正直的人，为秦朝的建立出了不少力。由于一时贪图便宜，和赵高一起害了扶苏，使胡亥当了皇帝。赵高是一个大阴谋家、野心家，他觉得李斯碍着他的手脚。为了达到自己的阴谋，他把李斯看成了眼中钉、肉中刺，想方设法要把他除掉。赵高派亲信造谣说，李斯的儿子李由与当时的农民起义军有联系，又说李斯想要夺到皇位，通过这两条罪名把李斯全家杀得一干二净。可怜李斯聪明一世，糊涂一时，一步走错，使全家人也落了一个可悲的下场。李斯被害以后，秦二世认为赵高立了大功，马上提拔他做了丞相。

秦二世靠玩弄阴谋登上了皇位，精神空虚，心情紧张，除了他的老师、野心家赵高以外，朝廷的文武大臣，他都不敢相信，对秦始皇那些好的方面，他一点儿也没有继承，对秦始皇那些坏的方面，他却全盘继承而且变本加厉。他曾对大臣说过：“我当了皇帝，就是为了把国家用来供我个人享乐。凡是我耳朵里听到的，眼睛里看到的，心里所想到的，我都要取来！”这正说明了他的本性。自从胡亥当了皇帝，老百姓受的苦就更大了。他为了安葬秦始皇，大规模地征发民工修陵墓和地下宫殿，把很多人活埋到墓里给秦始皇陪葬。他又派人去修阿房宫，用了大量的钱财，这些钱财都是从老百姓手中剥削来的。老百姓给弄得家破人亡，连饭都吃不上了，在没有别的出路的情况下，他们只有起来反抗了。

老百姓起来造反，秦二世却被蒙在鼓里。这时候，朝廷的大权完全被赵高控制了。赵高当了宰相以后，大权在手，逐渐把那些正直善良的大臣给害死了，剩下的由于害怕他，不得不讨好他，而秦二世依然花天酒地，吃喝玩乐，不问政事，这样朝中就更乱了。

有一天，赵高去上朝，同往常一样，他既不坐车，也不骑马，却牵着一只梅花鹿上了大殿。

秦二世感到又奇怪又可笑，就问他是怎么回事。

赵高看了看秦二世，又看了看众大臣，一本正经地说："这是臣下刚得到的一匹好马，准备把它献给陛下。"秦二世一听，不由得哈哈大笑起来，说："丞相可真会开玩笑，这明明是鹿，怎么能说是马呀？"

赵高瞪着他那双小眼嘿嘿地干笑了几声，阴险地瞅了瞅众大臣，好像是向众大臣示威似的，连声说："是马！是马！这明明是我托人从千里之外买回的好马，怎么能把它说成是鹿呢？陛下如果不相信的话，就请各位大臣说一说，这到底是鹿还是马呢？"

听赵高这么一说，秦二世也给弄糊涂了。自从当了皇帝以后，他整天就是吃喝玩乐，对赵高的话从来都是深信不疑。现在秦二世也对自己的眼睛发生了怀疑。他吩咐众大臣都过来仔细瞧瞧，看看这玩意儿到底是鹿还是马。许多大臣不知道赵高的肚子里藏了什么鬼花招，都围着那只梅花鹿看来看去，什么话也不敢说。有几个无耻小人，明明知道这是一只梅花鹿，但为向赵高讨好，就附和他说："是马！是马！这哪儿是鹿？"也有几个比较正直的大臣，坚持说："是鹿，是鹿！这怎么能说成马呢？"事后，赵高就制造了种种罪名，把那些坚持说实话的大臣都关进了监狱。这么一来，大臣们就更加害怕他了。

赵高又精心策划了一些日子，感到准备得差不多了，就派女婿阎乐和弟弟赵成带着1000人马去杀秦二世。守门的卫士进行反抗，结果全部被杀了。

秦二世听说出了事，吓得浑身直打哆嗦。他死皮赖脸地拉住一个宦官，埋怨到："你怎么不早告诉我呀？"那个宦官把袖子一甩，扫了他一眼，说："我以前敢跟您说实话吗？要是把实话告诉您，恐怕您早就把我给杀了。”说完，那个宦官就赶紧逃命去了。

正在这个时候，阎乐带着人马闯进宫里，他指着秦二世的鼻子破口大骂：“你这个无道的昏君，杀了那么多人，办了那么多坏事，实在是罪大恶极。现在天下的老百姓都起来造反，你打算怎么办，也应该好好地考虑考虑了。”

秦二世还想拖一下时间，哀求着说：“我想跟丞相见面，一块儿商量商量，行不行？”阎乐板着面孔，恶狠狠地说：“丞相不在这儿，找也白搭！”秦二世又说：“那就请丞相做皇帝，给我一个郡的地方，让我做一个诸侯王行不行？”阎乐干脆把宝剑一抖，说：“你别啰嗦了！现在你就是想当个普通百姓也不行！我奉了丞相的命令，要替天下人除掉你这个昏君。今天要是杀不了你，回去还没法交差呢！”这时候，秦二世才知道上了赵高的大当，这个凶狠的糊涂虫只得把宝剑架到了自己的脖子上，死的时候只有23岁。

赵高虽然杀了秦二世，但他怕大臣们不服，终于没有敢自己即位做皇帝，而是把二世的侄儿子婴抬出来继承了王位，子婴即位以后，和亲信太监搞了个计策，把赵高骗进宫去除掉了，并且杀了他的三族。赵高这个野心家终于落得了一个应有的下场。但强大的秦朝到此时已开始走向坟墓，全国各地爆发的农民起义敲响了它的丧钟。

陈胜、吴广起义

陈胜，阳城人，字涉；吴广，阳夏人，字叔。陈胜年轻时是个雇工，靠帮别人种田艰难地生活着，虽然他地位很低，但胸怀远大志向。有一次，陈胜和许多雇工坐在田埂上休息，他静坐了很久，突然对大家说："将来如果谁富贵了，可不要忘记昔日的伙伴。"一同耕田的农夫觉得好笑，说："你是受雇帮人耕田的人，还指望将来富贵，真是白日做梦！"陈胜听了，叹息道："唉！燕雀这类小鸟怎能理解大雁的远大志向？"

秦始皇死后，秦二世更加残暴，大兴土木，加重赋税，百姓们都过着十分艰难的生活。公元前209年，秦朝征召九百名平民去防守渔阳，陈胜和吴广都被召入这支队伍，作了屯长。负责押队的是两名校尉。

当队伍行军到大泽乡时，遇上了连日大雨，道路泥泞不堪，无法前进，只好就地驻扎。这一耽搁，就延误了到达渔阳的期限，过了规定的期限，按照秦朝法律是该杀头的。

陈胜对吴广说："我们即使赶到渔阳也是死，逃跑被抓也是死，造反也不过是死。同样是死，我们还不如干脆造反，出出心中的这口恶气。"

陈胜又说："天下百姓长期以来受秦朝的暴政压迫，苦不堪言，我听说二世是秦始皇的小儿子，他本来不应该当皇帝，应该继位的是长子扶苏。扶苏因为多次劝谏秦始皇施行仁政，秦始皇疏远了他，派他领兵在外驻守。二世为了夺取皇位，用卑鄙的手段把他杀害了。老百姓大多听说扶苏很贤德，却不知道他已去世。

楚国的大将项燕多次立功，爱护士兵，楚国人都拥护他。如果我们现在打着扶苏和项燕的名义，号召天下人起义，一定能得到很多人的响应。”

吴广觉得陈胜说得很有道理，两个人商量了很久，想出了一个绝妙的办法来树立他们的威信。

一天，士兵们买了几条大鱼回来煮着吃，在一条鱼肚子里竟然发现了一块白绸，上而写着三个红色大字“陈胜王”，士兵看了，都感到非常奇怪。

当天晚上，驻地附近的一座荒凉的古庙前，突然燃起一堆大火，同时还能听见狐狸的叫声。士兵们细细一听，狐狸竟然在叫：“大楚兴，陈胜王。”悠长的叫声划破夜晚的宁静，显得神秘极了，士兵们听了，都感到十分惊恐。

原来这些都是陈胜、吴广的计策。鱼肚子里的白绸是他们事先放进去的，半夜的狐狸叫声也是吴广假装的，这些现象在迷信鬼神的士兵们心目中，都是上天和鬼神的指示。第二天，军营里议论纷纷，士兵们都用奇怪的眼神看着陈胜。

吴广平常十分关心别人，士兵们都愿意为他效劳。有一天，吴广邀校尉一块喝酒，借着酒劲，大声说：“我们反正不能按时到达，还不如逃跑算了。”

校尉们本来就因为无法按时赶到心里烦躁，一听他煽动逃跑，其中一个校尉就用鞭子抽打他，士兵哄然而起。校尉便拔剑出鞘，企图进行威胁。这时吴广见时机成熟，跳起来夺过校尉的长剑，把他杀了。陈胜也立即配合，杀了另一个校尉。围观的戍卒吓得目瞪口呆。

陈胜提着还在滴血的长剑，高声地说：“兄弟们，我们遇上大雨，误了期限。误了期，按照规定要杀头。即使不被杀头，将来戍边也会大部分死掉。既然如此，大丈夫不死便罢，要死就要名扬后世。王侯将相难道是天生的吗？我们为什么不去争取呢？”

士兵们一听醒悟过来，挥舞着刀剑说：“陈胜，我们愿意听从你的指挥！”

于是大家按照陈胜、吴广的安排，借扶苏、项燕的名义举行起义，露出右臂作为标志，号称大楚军。陈胜自任将军，吴广为都尉，攻占了大泽乡。

随后，他们又去攻打大泽乡周边郡县，一路上招兵买马，等打到陈县时，已经拥有兵车六七百辆，骑兵一千多人，步兵几万人。

攻下陈县后，陈胜召集地方豪杰开会议事，地方豪杰们都说：“将军，披坚执锐，讨伐无道，诛灭暴秦，论功应该称王！”于是，陈胜自立为王，国号“张楚”。从此，起义军的声势越来越大，在他们的影响下，全国各地都纷纷举起了反秦的大旗，秦王朝的统治变得岌岌可危。

秦二世和大臣们听到消息，惊恐极了。只有少府章邯表现得十分冷静，他对二世说：“起义军来势很猛，请您赦免修筑阿房宫的几十万囚犯和奴隶，把他们武装起来，去抵抗起义军吧！”二世没有办法，只好这样做。章邯为将，带领这些人与起义军作战。

起义军由于缺乏实际作战经验，被章邯击败。吴广攻打荥阳，很长时间也没有攻下，因为战事不利，被部下杀害。起义军连连受挫，章邯军队乘胜攻打陈县，陈胜亲自出战，最后也失败被杀。

破釜沉舟

陈胜、吴广在大泽乡揭竿起义，振臂一呼，天下响应。燕、赵、楚、韩、魏都各自拥立君王，项梁、项籍也在会稽举兵。

项籍是下相人，字羽，他的叔父项梁是楚国大将项燕的儿子。项羽小时候学文不成，就放弃了；又学剑术，也没学成。项梁对他很生气，而项羽却理直气壮地说："认字写字不过是写写姓名，学好剑术也只能抵抗得住一个人，这些有什么值得学的呢？我要学的是能打败万人的本领。"项梁于是就教他学习兵法，他非常喜欢。但是，他略微知道了一点大意，就不肯认真学下去了。

有一次，项梁因故杀了人，和项羽一道来到吴县躲避仇家。秦始皇巡游会稽，项梁和项羽有机会看到那威武的场面，但项羽轻蔑地说："那个皇帝有什么了不起，我可以把他的位置夺取过来代替他。"

项梁吓得连脸色都变了，赶紧用手捂住他的嘴，说："不能乱说，会被灭族的！"从此，项梁很赏识项羽。项羽身高八尺多，力能举鼎，才气过人，吴县的年轻人都很敬畏他。

公元前208年，项梁和项籍率领八千江东子弟兵渡江西进抗击秦军。渡江后，陈婴领导的二万起义军前来会合。大军渡过淮河后，英布和蒲将军领导的两支起义军也来归附。起义军的队伍迅速扩大到六、七万人，扎营下邳，开始了反秦的激烈战斗。

为了联合各路起义军对抗强大的秦军，项梁采纳了范增的建议，在民间找到了为人牧羊的前楚怀王的孙子心，拥立他为王，仍旧称为楚怀王，以顺从人民的愿望，建都盱眙。

过了几个月，项梁率兵进攻亢父(山东济宁南)，又会同齐将田荣一起在东阿把秦军打得大败。项梁还派刘邦和项羽攻占了城阳，接着又命令他们转攻雍丘(河南杞县)，杀了三川郡守李由，给秦军以沉重的打击。这时，项梁被胜利冲昏了头脑，滋生了严重的骄傲情绪，在定陶被得到增援的章邯指挥的秦军打败，项梁战死。这时，项羽和刘邦正在陈留与秦军激战，听到项梁战败牺牲的消息，立即从前线撤回，等待时机，以图再起。

章邯击败项梁的部队以后，以为楚军已经不值得担忧了，于是就渡过黄河去攻打赵国。赵军无力抵抗人数众多的秦军，赵国君臣只得退守巨鹿城。章邯令王离和涉间带兵渡过漳水，包围巨鹿城。

公元前207年，为解巨鹿之围，楚怀王召集起义军首领在彭城举行紧急军事会议，决定以宋义为上将军，项羽为次将，范增为末将领兵救赵。楚军还没有到达巨鹿，宋义就下令停止前进，一停就停了四十六天。项羽觉得救兵如救火，就劝宋义赶快去救赵。但宋义认为应该先让赵、秦两军决战，然后再乘机攻打疲惫的秦军，那样容易取胜，因而不听项羽的劝告。

正在这时，天气变冷，大雨哗哗哗地下个不停，士兵们衣服都很单薄，又冻又饿，而宋义却在本摆宴席，招待宾客。项羽见了，很生气地对身边的人说："今年遇上饥荒，士兵们吃的都是掺半的野菜和豆子，军中又没有存粮，根本不能支持很久。而且，我们刚刚打了败仗，大家都很泄气，要是赵国被灭了，秦军力量就会更加强大，那时再去攻打，肯定就更难了。不关心国家安危，不晓得体恤士兵，怎么会是贤良的臣子呢？"

第二天清晨，项羽去参见宋义，就在军帐内斩杀了他，提着他的人头向军中发号施令，将领们见他勇猛过人，很有魄力，都服从他，没有一个敢反抗，他的威武震动了楚军上下，士兵们也诚心服从他。随后，楚王就任命项羽为上将军，统领全军。

项羽立即带领全军火速赶往巨鹿，并先派黥布和蒲将军带领两万人马渡过漳水，救援巨鹿。黥布虽然勇猛，与秦军交战数次，但都没有获胜。于是，项羽果断地率领全部人马渡过漳水，渡河以后，他命令把所有的渡船都沉入水底，做饭的锅碗统统砸烂，驻扎的房屋全部烧掉，只让士兵随身带了三天的食物，以此向士兵们表明决不退却的决心。士兵们到达前线后，个个勇猛杀敌，九战九捷，断绝了秦军的粮道，终于打垮了秦军。

当时救援巨鹿的诸侯的部队有十多个营垒，都不敢出战。当楚军向秦军发起攻击的时候，各诸侯将领“皆作壁上观”。楚军战士个个以一当十，喊杀之声，惊天动地，诸侯军个个胆战心惊，惊惶失措。等到打垮了秦军，项羽召见各诸侯将领，他们进入辕门，都跪在地上，用两膝行进，不敢抬头往上看。从此，项羽成为诸侯军的上将军，各路诸侯都隶属于他。

巨鹿解围后，章邯一再退却，不敢和项羽交锋。秦二世派人责备章邯，章邯很惊慌，忙派长史司马欣到咸阳请示。司马欣到咸阳后，在宫外停留了三天，赵高都不接见，更不用说二世皇帝。司马欣了解赵高的为人，害怕被杀害，就赶快从小路回军营了。在途中，他果然看见赵高派人朝大路来追杀他。

司马欣回到军中，叹着气对章邯说：“赵高在朝中手握大权，您如果能战胜楚军，他一定嫉妒您的功劳；如果战败，肯定免不了死罪，请您考虑一下吧！”

此后，秦军在楚军的强大攻势下节节败退，章邯进退两难，走投无路，只好率领二十万秦军向项羽投降。章邯见到项羽后，流着眼泪诉说赵高专权害人的事情，项羽听后也很受震动，随后立章邯为雍王，任命司马欣为上将军，带领投降的秦军。

巨鹿一战，楚军力挫秦军主力，威震天下，项羽一举成名，他的魄力和英勇都逐渐显示出“西楚霸王”的英雄风范！

约法三章

刘邦，字季，是沛县人。他鼻子很高，胡须很美，左腿上有七十二颗黑痣，为人宽厚，仗义疏财，平时大大咧咧，不拘小节。他不愿干普通人家生产和经营之类的事，整天游手好闲地四处闲逛。成年之后，还贪杯好色，做了个小小的亭长，俸禄不够他喝酒，他就经常赊酒喝。

有一次，他到咸阳办差，在纵情观赏游览时，看到了秦始皇出巡，秦始皇那君临天下的威风样子从心底震撼了他，他不由得感叹道："男子汉大丈夫就应该是这样的啊！"从此，他心里有了生活的目标，开始有意识地结交天下名人。

一天，沛县县令设宴招待一位从外地来的重要客人吕公，县里一些有名望的人士都来了。萧何负责收礼物，他规定：送礼不到一千钱的，只能坐在堂下。刘邦素来看不起这些人，他送上贺卡，上面故意写着贺礼是一万钱，实际上他一个钱也没有带。他大摇大摆地坐在堂上的主要位置上。吕公看到他仪表出众，举止大方，对他非常敬重。酒后经过交谈，吕公竟把自己的爱女许配给他为妻。吕公回去把许婚的事告诉妻子，妻子大发脾气，说："女儿很有才能，我们视为掌上明珠，好多有钱有势的人来求亲，你都不答应，今天却胡乱地许配给这样一个人。"当时刘邦家里穷，又只是一个小亭长，别人对他的印象也不好。但吕公却看准了他是有出息的，终于说服妻子将爱女嫁给了刘邦。这位吕氏小姐，就是后来协助刘邦取得政权，而又一度掌握汉朝政权的吕后。

秦始皇去世不久，上级令刘邦火速送一批民夫到骊山去为始皇修筑陵墓。一路上，很多人都逃跑了。走到丰县的大泽时，刘邦心想，即使把剩下的人送到也还是死，于是把民工们招拢来说："你们到骊山后只有死路一条，现在我把你们放了，你们各自逃生吧！"只留下十几个自愿跟随他的人，流亡在外。一天晚上，刘邦怕大家走入沼泽，便让一个人前去探路。不久，探路的人惊慌失措地回来了，说："不得了啦，前面有一条大白蛇横在路上。"刘邦仗着几分酒劲，说："壮士们往前走，有什么可怕的！"于是他一个人在前探路，看见白蛇后，就拔剑向大蛇砍去，将白蛇斩成两截。这样一来，跟随他的人对他更加敬畏起来。

张楚政权建立以后，很多郡县纷纷响应。沛县县令见起义军来势汹汹，就想顺应潮流，召集流亡在外的人，带领沛县人响应陈胜，于是就令樊哙去召回刘邦。

樊哙跟着刘邦来到县城，县令又后悔起来，怕发生变故，便将城门关闭起来，夜里，萧何、曹参翻出城墙，将情况一一告诉刘邦。刘邦听后，写了一封信，让人用箭射到城上，信中对沛县老百姓说："天下人忍受暴秦已经很久了，现在你们虽然为县令守城，但诸侯们已经纷纷起义，马上杀到沛县来了。如果你们杀了县令，响应起义诸侯，就可以保全家室了。要不然，将会玉石俱焚。"沛县父老于是杀死县令，打开城门，迎接刘邦，推选刘邦为县令，称为"沛公"。

樊哙、萧何、曹参等人一起为沛公收集了二三千名子弟，开始对周围郡县进行兼并，并打出自己的红色大旗，从此，沛公刘邦迈上了建立西汉王朝的道路。

公元前208年，项梁召集各路起义军到薛地商量统一行动的问题，刘邦带了百多骑兵前去参加。会后，项梁给了他五千士兵，十名军官。从此，刘邦在项梁领导下，与项羽并肩战斗，几次把秦军打得大败。项梁死后，楚怀王决定兵分二路：一路由宋义、项羽率领北上解救巨鹿之围，一路由刘邦率领向西挺进，直攻关中。怀王与诸将约定：谁先进关，就封谁为关中王。

这年的秋天，刘邦从砀郡出发，在途中注意招收陈胜、项梁失败后逃散的士卒，又注意收编或联合各地的反秦武装，使起义军的队伍迅速壮大。经过高阳时，高阳守城门的小官吏郦食其说：“来来往往经过这里的将领很多，我看只有沛公才是一个有德行的人。”于是他去拜见沛公。

沛公召见了郦食其。当时沛公正坐在床边要两个女子在给他洗脚，郦食其见沛公这种傲慢无礼的态度，他也只拱拱手，作一般的招呼。

郦食其说：“你是准备帮助秦王去镇压各路诸侯呢，还是打算率领各路诸侯去推翻暴秦呢？”

沛公一听，就骂起来：“你这个没有一点用的臭儒生，天下百姓深受秦的残酷压迫和剥削，一直处在水深火热之中，所以各地诸侯接连不断地起来进攻秦朝，你为什么还说要帮助秦去镇压诸侯这样的话呢？”

郦食其说：“你如果真的是要聚集百姓的力量，联合义兵推翻暴秦的统治，就不应该是这样坐着接见年高德劭的人。”

刘邦接受意见倒挺快，脚也不揩干，水淋淋地就连忙站起来，提起衣上前，请郦食其坐在贵客坐的地方，向他表示歉意。郦食其见刘邦态度诚恳，就对他说：“你率领的是一些没有受过训练的乌合之众，在路上，又收集了一批散兵游勇，就这样，兵力加起来还不满一万。以这点力量直接去进攻强大的秦朝，这无异于虎口探牙。陈留是交通要道，又没有险阻，容易攻取，秦在这里储藏了很多粮食，你应该马上占领这个地方。陈留县令和我的关系很好，请你派我作使者到他那里去，劝他投降。他如果不听，你随即带兵来攻打，我在城里作内应。”

刘邦采纳了郦食其的建议，占领了陈留，得到了大量粮食，为西进提供了物质基础。于是刘邦任命郦食其为广野君。郦食其又劝说他的弟弟郦商带了四千人来归附刘邦。

三月，起义军继续向西挺进，在白马以东，把秦将杨熊的部队打得大败，并乘胜向南攻占了颍阳，在那里与张良的部队会合。部队继续前进，与秦军战于洛阳，没有取得胜利，只好退回到阳城，然后集中军中的骑兵猛攻南阳郡，打败南阳郡守吕齮。吕齮败退，坚守宛城。

刘邦打算越过宛城西进，张良劝阻他说："你虽然想立即进入关中，但秦军的人马还多得很，并且可以凭借险峻的地势进行抵抗。现在如果不把宛城拿下，将来宛城的秦军从后面进攻，强大的秦军从前面阻击，那就危险了。"

刘邦听了张良的意见，于是在一个晚上，人衔枚，马束舌，偃旗息鼓，绕道回军，黎明，出敌不意，到达宛城下，将城围得水泄不通，迫使南阳郡守投降。从此，起义军一路势如破竹，长驱直入武关，插入敌人心脏。秦王子婴为了作垂死挣扎，在峣关设防，企图阻止义军西进。

刘邦准备强攻，张良说："秦军力量还强，不可掉以轻心。我听说守峣关的秦将是屠户的儿子，孳孳为利的商人是容易用财物去收买的。你暂且留下坚守营垒，严整自己的阵势，并派人去预备五万人的食粮，还在周围山上竖起很多旗帜，扰乱敌人的耳目，分散对方的兵力，然后再派郦食其带一些珍贵的礼物作诱饵去送给那将军，动员他反戈。"

守峣关的秦将得到礼物，果然同意反秦，准备与刘邦联合起来，乘秦无备，夺取咸阳。刘邦打算同意这个计划，但张良说："这只是秦将本人打算叛变，恐怕他的部下不一定会听指挥。如果他的部下反对，那就危险了，我们不如趁敌人懈怠不防的时候突然发起进攻，那一定能把他打败。"沛公采纳了张良的意见，攻下了峣关，并乘胜向北进军，到达兰田。在兰田与秦军再战，秦军被彻底击溃。沛公军所到之处，纪律良好，不准虏掠，深受秦地人民的欢迎。

公元前 207 年，刘邦的军队到达霸上，直逼秦都咸阳，秦王子婴投降，刘邦很顺利地进入了咸阳城。进入咸阳后，起义将士们都要求杀掉子婴以谢天下。刘邦说："我们不能滥施屠戮，如今秦王子婴已经投降，把他杀掉会失去民心的。"于是，就派人将子婴看管，保护起来。

刘邦本想在富丽堂皇的秦宫中好好地休息一下，享受一番。不想却受到樊哙等人的紧决反对，他们说："秦王只晓得自己享受，失去民心，才失去了天下，不能重蹈覆辙。"刘邦听了，觉得很惭愧，于是下令封存了秦宫中的所有物品，自己率部下退出咸阳城，仍驻扎在霸上。

刘邦为了安抚关中地区的老百姓，请来了关中德高望重的老人和有影响力的贤良人士们，一同商议安民政策。刘邦对大家说："父老们深受秦朝的暴虐统治，长期以来苦不堪言。我如今带军进入关中，就是要将百姓们从水深火热中解救出来，请大家不要害怕。今天，我要和大家约定三条法令：杀人者处死，伤人者和偷盗者依法治罪判刑。其余的秦朝法令一律废除，尽量让百姓们安定地生活！"

关中的父老们听说后，送来牛羊和美酒，以感谢沛公的宽厚仁慈。

刘邦再三推辞，不肯接受百姓们的礼物，他说："您们的生活都很清贫，还是留着您们自己用吧！"父老们听后，更加拥护沛公刘邦，强烈要求他留在关中做王。

刘邦凭着自己的宽厚和仁慈，用约法三章，赢得了广大关中百姓们的好感和拥护。

鸿门宴

巨鹿一战，楚军大胜，章邯屡战不胜，率秦军投降。项羽就留章邯在楚军营中，让长史司马欣率秦军为前锋，继续西进。

诸侯将士以前大多在关中服过徭役，都受过关中吏卒的虐待，秦军投降后，他们以牙还牙，经常凌辱秦军士卒。秦军私下商量说："章将军欺骗我们，让我们投降诸侯，现在如能破秦，当然最好；如果不能，诸侯一定强迫我们向东撤退，到那时，秦国一定会诛杀我们的父母妻子。"

项羽听说后，大惊失色，马上召集黥布、蒲将军商议："秦军士卒众多，其心未服，如果到了关中发动叛乱，那就太危险了，不如把他们杀了，只留章邯、司马欣和都尉董翳入关。"当夜，楚军就在新安城南坑杀了这二十万秦军降卒。

项羽先救赵，在路上给宋义耽误了几十天，又一路与秦军主力正面拼杀，等他历尽千辛万苦打到函谷关时，刘邦早已经陈留、过武关，乘虚先打下了咸阳，驻扎霸上，并派兵扼守函谷关，不让诸侯进入关中。项羽一听大怒，于是派黥布攻下了函谷关，自己统领四十万大军进入关中，到达新丰鸿门。

沛公刘邦的左司马曹无伤为了向项羽邀功，派人密报项羽说："沛公想在关中称王，让子婴出任相国，将秦国的钱财珍宝占为已有。"项羽一听更是火冒三丈。

谋臣范增很有远见，也来劝项羽说："沛公在山东的时候，贪图财物，宠爱美女，现在进了咸阳，既不取财物，也没宠幸美女，看样子他的野心不小啊！现在我们双方兵力悬殊很大，正是进攻他的好机会，千万不要错失良机。”

项羽于是说：“明天一早让士兵们吃饱喝足，给我打败沛公的军队！”

楚国的左尹项伯是项羽的叔父，一向和刘邦的谋臣张良要好。他连夜骑马赶到沛公营中，私下约见张良，把全部事情告诉了他，想让张良跟他一起离开，脱离险地。张良说：“我是为韩王来护送沛公的，如今沛公情况紧急，我若逃走了就太不仗义了。不能不告诉他。”

张良于是进入刘邦的营帐，把项伯的话全告诉了他，刘邦非常吃惊，说：“这该怎么办呢？”

张良问：“是谁给你出主意阻止诸侯进关的？”

沛公生气地说：“一个见识浅陋的小人劝我派兵守住函谷关，别让诸侯进来，这样就可在秦地称王了。我听了他的话。”

张良又问：“沛公估计能打得过项王吗？”

沛公想了想说：“当然打不过，那怎么办呢？”

张良给他出主意说：“向项伯说情，就说沛公是不敢背叛项王的。”

于是沛公摆酒招待项伯，用对待兄长的礼节对待他，还跟他结成亲家，并对他说：“我进函谷关后，对秦朝的财富丝毫都不敢动，登记了官民的户口，查封各类仓库，只等项王的到来。我派兵去守关，是为了防备其他的盗贼窜入和意外的变故。我们日夜盼望着项王的到来，怎么敢反叛他呢！还劳烦您对项王说明我的心意。”

项伯答应了他，说：“明天一早你一定要亲自到军中来向项王道歉。”

项伯连夜回到项王营中，把沛公的话一一报告了项王，并说：“如果不是沛公先攻破关中，你怎么能轻易入关呢？人家有大功反而要攻打人家，这不合道义，不如好好对待他。”项羽答应了项伯的请求。

第二天一早，沛公和张良带着一百多随从前往鸿门拜见项羽，恭敬地对项羽说："我跟将军合力攻秦，将军在河北作战，我在河南作战，没想到我能侥幸地先入关破秦，才能在这里与将军相见。现在一定是小人挑拨离间，才使得将军和我之间产生了误会。"

项羽忍不住随口说："这是沛公你的左司马曹无伤说的，要不我项羽怎么会产生怀疑呢？"项羽便在鸿门设宴款待沛公。

席间，范增几次向项羽使眼色，次举起佩玉向项羽示意，要他杀沛公。项羽都没有理睬。范增于是出去把项庄招来，对他说："项王的心肠太软，不能当机立断，你进去祝酒，然后请求舞剑助兴，乘机把沛公杀了。否则，你们这些人将成为他的俘虏。"

项庄于是进去祝酒，说："大王与沛公一起饮酒，军中没有什么娱乐，请允许我舞剑为大家助兴。"说完就拔出剑舞了起来，项伯见状，也拔剑起舞，用身体掩护沛公，使项庄毫无机会下手。

张良发现情况危急，便走出军门，对樊哙说："情况不妙，项庄在舞剑，意在沛公！"樊哙一听，拿着宝剑、盾牌就冲了进去，瞪大眼睛望着项羽。

项羽警觉地握着宝剑问："你是什么人？"

张良说："这是为沛公驾车的驭手樊哙。"

项羽说："好壮士！赐给他一杯酒。"樊哙跪地拜谢，站起来一饮而尽。

项羽又说："赐给他一只猪肘。"樊哙把盾牌放在地上，把猪肘放在盾牌上，用剑边切边吃。

项羽又问："壮士还能喝酒吗？"

樊哙抹了一下嘴巴，大声地说："我死都不怕，一杯酒又算得了什么！那秦王像虎狼一样凶残，杀人如麻，天下人都背叛了他。怀王与众将约定：谁先击败秦军进入咸阳，就让谁在关中为王。如今沛公先攻破咸阳，劳苦功高。大王不但不封赏，反而听信小人的谗言，要杀有功之人，这只能走秦朝灭亡的老路。我个人认为，大王是不会这么做的。”

项羽听了十分尴尬，无话可说，只是说：“坐！坐！”沛公趁机起身上厕所，顺便把樊哙也叫出来。他对樊哙说：“我准备马上走，可没向项王告辞，怎么办？”

樊哙说：“做大事就不应顾及世俗的礼节，如今我们好比案板上的肉——任人宰割，难道等着人家来砍吗？还告辞干什么？”

于是刘邦请张良留下来向项王致谢，并对张良说：“白璧一双，准备献给项王，一对玉斗，准备给亚父范增。正赶上他们发怒，没敢献上，您替我献上吧。”

从鸿门到霸上，相距四十里。沛公放弃了车骑，只一个人骑着马，让樊哙等人步行，从骊山而下，抄小路走回军营。张良估计他们到了霸上，就去向项羽告辞：“沛公酒喝多了，不能亲自告辞，委派我献上白璧、玉斗。”

项王接过白璧，放在座位上，听见沛公已回去，也没说什么，继续喝他的酒。范增接过玉斗，扔在地上，拔剑撞破了，叹气说：“唉，无知小子不值得跟他同谋大事！夺取项王天下的人，一定是沛公，我们这些人都将成为他的俘虏了！”沛公回到军营，立即将左司马曹无伤杀了。

过了几天，项羽领兵进入咸阳，杀死已降的秦王子婴，焚烧了秦朝宫室，大火三月不灭。他又搜刮了秦的金银财宝，虏掠了宫娥彩女，然后领兵东回。有人向项王建议说：“关中山河险要，四周有关可守，土地肥沃富饶，适宜于建立国都，完成霸业。”

项王看到秦的宫室被烧得残破不堪，自己又怀念家乡，一心东归，于是他回答说：“富贵不归故乡，好比穿着华丽的衣服在晚上赶路，有哪一个知道呢？”

那个提建议的人背后叹息说：“人家说楚国人就像沐猴而冠，的确如此。”这话传到项王耳里，项王一气之下，就把那个人烹杀了。

项王打算自己称王，就先尊怀王为义帝，然后封各将相为王。

项王对诸将说：“初起兵时，为了讨伐暴秦，暂立原先诸侯的后裔为王。然而三年来，风餐露宿，冲锋陷阵，灭秦定天下的，都是各位将相和我项籍的功劳。义帝无功，应当分割他的土地，封大家为王。”那些将领都说：“好！”

项王于是分割天下，立诸将领为侯，为王。封王的有十八个。项王和范增担心沛公占有天下，但既已和解，像鸿门之会那样能够杀他的机会又没有了，怕自己落个背约的名声，引起诸侯反叛。巴蜀路险地偏，于是就立沛公为汉王，统辖巴、蜀、汉中一带，建都南郑。并且把关中一分为三，封秦降将章邯等为王，以牵制汉王。项羽自立为西楚霸王，建都彭城，把义帝从彭城迁徙到长沙郡郴县。义帝起程以后，项羽命人在路上将他杀害了。

项羽的分封，引起了一些握有重兵的将领的不满，那些被贬的或未封王的，更是怀恨在心，其中尤以刘邦、田荣、彭越、陈馀四人最为突出。所以分封不久，握有重兵而未得封王的田荣，首先在齐地起兵反抗项羽。接着，刘邦乘机进兵关中。从此，刘邦和项羽展开了将近四年之久的楚汉战争。

刘邦斩蛇起义

刘邦以亭长的身份负责遣送本县去修骊山墓的徒隶，徒隶们有许多在道途中逃亡。刘邦自己估计等到了骊山这些徒隶也就全逃光了，他们到达丰西的大泽中，停下来饮酒，夜间就把遣送的徒隶们都放了。他说："你们都逃走吧，我也从此远走高飞了!"徒隶中有十余位壮士愿意跟从刘邦。

刘邦喝了酒，夜间在草泽中的小道行走，他命令一个人在前面开道。在前面行走的人跑回来报告说："前面有一条大蛇挡在道路当中，请求退回去。"

刘邦醉了，他说："壮士前行，有什么值得害怕的!"就继续前行，拔出宝剑斩杀了这条大蛇。大蛇被砍为两段，小路也就通畅了。又走了几里，酒醉得厉害，因而卧倒在地。后面的人来到有蛇的地方，看见有一位老妇人在深夜中哭泣。来人问她为什么要哭，老妇人说："别人杀了我的儿子，所以我在哭他。"

来人又说："老妇人，您的儿子为什么被杀?"老妇人说："我的儿子，是白帝的儿子，变成了一条蛇，挡在道路当中，现在他被赤帝的儿子斩杀，我因此痛哭。"

来人听后认为老妇人说的话不诚实，准备打她，老妇人忽然不见了踪影。后来的人到达了刘邦醉卧的地方，刘邦酒醒，后来的人把这件事告诉刘邦，刘邦就在心中独自欢喜，自认为是赤帝的儿子。那些跟从他的壮士一天天地对他敬畏起来。

秦始皇帝经常说"东南地区有象征天子的云气"，因此他向东巡视以图镇压。刘邦自己怀疑始皇的行动是冲着他来的，于是他

逃亡隐匿起来，藏身在芒山、砀山一带的山泽岩石之间。吕后和别人一同找寻刘邦，经常能够找到他。刘邦很奇怪地问他们为什么能够找到。

吕后说：“在刘邦所居处的地方，上面经常有云气环绕，因此我追随着云气寻找，常常能够找到刘邦。”刘邦听后心中欢喜。沛县地区的一些青年们听说这件事，有许多人都愿意附从他。

秦二世元年秋天，陈胜等人在蕲县起义，行进到陈地自称为王，定称号为“张楚”。有许多郡县的人全都把他们的官长杀死来响应陈涉。沛县县令非常害怕，也想在沛县反秦而响应陈涉。

狱掾曹参和主吏萧何因此而对他说：“您作为秦廷的官吏，现在却想要背叛秦，率领沛县的子弟起义，恐怕沛县子弟们不会听从您的命令。希望您能召集那些逃亡在外的人，可以得到几百人，用他们来强行驱使众人，众人不敢不听从命令。”于是命令樊哙招求刘邦。这时候刘邦的部众已发展到几十近百人了。

于是樊哙陪同刘邦前来。沛县县令后悔，恐怕刘邦来了会发生变故，就关闭了城门据守城池，准备诛杀萧何和曹参。萧何和曹参惊恐，越过城池来辅佐刘邦。

刘邦于是写了一封帛书射到城上，对沛县的父老们宣称说：“天下的人受到秦统治的痛苦已经很久了。如今父老们虽然替沛县令守城，但是诸侯们一同兴起反秦，现在就要屠戮到沛县。如果沛县的人现在共同诛杀了县令，从子弟当中选择可以扶立的人而拥立他，以此来响应诸侯，那样就可以保护家室完整。假若不是这样，父子们都要被屠戮，就不会有什么作为了。”

于是父老就率领子弟们共同杀死了沛县县令，打开城门迎接刘邦，准备要把他选为沛县县令。刘邦说：“天下正处在大乱时候，诸侯们一同兴起，如今选择首领若不妥当，将会一败涂地。我不敢爱惜自身，而是担心我的能力浅薄，不能保全沛县的父兄子弟们。这是一件大事，我希望你们重新推举能够担当这项重任的人。”

萧何、曹参等人都是文官，而且他们顾惜自身，恐怕事业不成，以后会被秦国灭全族，所以他们全都推让给刘邦。各位父老们都说："平时我们听说过有关刘邦的一些超凡奇迹，刘邦必当显贵，而且我们占卜过，没有人能够比刘邦更吉利。"

在这种情况下刘邦多次推让。但是众人没有谁敢出任首领，于是就扶立刘邦担任沛公。刘邦祭祀黄帝，又在沛县公庭中祭祀了蚩尤，而且举行了把血涂在旗上并且祭祀旗鼓的典礼。旗帜都做成红色，这是因为他所杀的那条蛇是白帝的儿子，而杀死这条蛇的人是赤帝的儿子，所以才以赤色作为尊贵的颜色。

于是沛公募集了如萧何、曹参、樊哙等少年豪吏在内的沛县子弟二三千人，进攻胡陵、方与等地，退回后据守在丰邑。

秦始皇建立起来的强大的王朝，仅仅维持了十五年，就在农民起义的浪潮中灭亡了。

刘邦的军队进了咸阳，将士们纷纷争着去找皇宫的仓库，各人都拣值钱的金银财宝拿，闹得乱哄哄的。只有萧何不稀罕这些东西，他先跑到秦朝的丞相府，把有关户口、地图等文书档案都收了起来，保管好。

刘邦在将士陪同下，来到了豪华的阿房宫。他看见宫殿这么富丽，幔帐、摆设儿好看得叫人睁不开眼睛，还有许许多多的美丽的宫女。他在宫里呆了一会，心里迷迷糊糊的简直不想离开了。

这时候，他的部将樊哙闯了进来，说："沛公要打天下，还是要当个富翁呀？这些奢侈华丽的东西，使秦朝亡了，您还要这些干什么？还是赶快回到军营里去吧！"

刘邦不听他的话，说："让我歇歇吧。"

恰巧张良也进来了，听到樊哙的话，对刘邦说："俗话说：忠言逆耳利于行，良药苦口利于病。樊哙的话说得很对呀，希望您听从他的劝告。"

刘邦是一向很信任张良的，听了他的话，马上醒悟过来，吩咐将士封了仓库，带着将士仍旧回到灞上。

接着，刘邦召集了咸阳附近各县的父老，对他们说："你们被秦朝的残酷的法令害苦了。今天，我跟诸位父老约定三条法令：第一，杀人的偿命；第二，打伤人的办罪；第三，偷盗的办罪。除了这三条，其他秦国的法律、禁令，一律废除。父老百姓可以安居乐业，不必惊慌。"刘邦还叫各县父老和原来秦国的官吏到咸阳附近的各县去宣布这三条法令。

百姓听到了刘邦的约法三章，高兴得了不得。大伙儿争先恐后地拿着牛肉、羊肉、酒和粮食来慰劳刘邦的将士，刘邦好言好语地劝他们把这些东西拿回去，他说："粮仓里有的是粮食，不要再让你们费心了。"

打那时候起，刘邦的军队在关中的百姓中留下了好的印象，人们都巴不得刘邦能留在关中做王。

筑坛拜将

韩信，是淮阴人，高祖刘邦手下有名的大将军，他为刘邦南征北战，为汉朝的建立，立下了不可磨灭的功劳。

韩信在年轻的时候，一直默默无闻，受过许多的屈辱和磨难。他从小家里很穷而且又没有好的品行，不能被推荐去做官，又不会做生意，因此吃穿都没有着落，于是投靠人家混饭吃，人们都很讨厌他。有一段时间，他投靠下乡县南昌亭亭长家食宿，一住就是好几个月，亭长的妻子很讨厌他。一天，她清早起来把饭做好，搬到卧房里把饭吃了。等韩信来吃时，饭菜都没了，韩信明白了亭长妻子的意思，于是一气之下离开了亭长家。

韩信后来想以钓鱼为生，可是好多时候钓不到鱼，他只好饿着肚子。一天，他又在河边钓鱼，河边有一位漂洗丝絮的老婆婆，见他饿得面黄饥瘦，有气无力，很可怜他，就把带来的饭菜分给他吃，还让他在自己家住了几十天。韩信十分感激地说："谢谢您，等我日后发达了，一定要好好报答您。"哪知老婆婆听后很生气地说："男子汉大丈夫连饭都没有吃的，还说得上报答吗？我看你可怜才给你饭吃，并不指望你报答。"

有一次，淮阴县有个年轻的屠户当众侮辱韩信："你虽然人高马大，还喜欢佩带刀剑，可是你是个胆小鬼。如果不怕死，就拿剑刺我，如果怕死，就从我胯下爬过去。"韩信看了半天，就俯下身子从他胯下爬了过去。于是，围观的人都讥笑韩信，说他胆小如鼠。

后来，项梁渡过淮河的时候，韩信便带着剑去投奔他。项梁战死后，韩信又跟随项羽，项羽任命他为郎中。在项羽手下，韩信多次向项羽献策，可是项羽都不采纳，不重用他。

刘邦入蜀时，韩信便从项羽营中逃跑出去，投奔了汉王，也没有受到重视。丞相萧何发现他是个用兵奇才，很敬慕他，也多次向刘邦推举他，但刘邦仍旧没有重用他。韩信见自己施展才华的梦想一次次地破灭，很灰心，很失望，于是决定逃出刘邦的军队。萧何听说后，连夜去追他，诚恳地劝说他留下，韩信见萧何非常真诚，不好再说什么，只得随萧何回了军营。

回营之后，萧何立即去见刘邦，再次郑重地引荐韩信说：“韩信是天下奇才，真正的大将军。如果汉王安心长住汉中，自然不必重用韩信。如果汉王要夺取天下，那就非重用韩信不可！”接着他又说：“您如果还不重用他，他终究会逃走的，那可是巨大的损失呀！”

刘邦见萧何如此赞赏韩信，觉得韩信肯定有过人之处，就说：“那让他做个将军吧！”萧何摇头说：“他肯定还是不会留下来。”

刘邦于是让萧何立即叫来韩信，任命他为大将军。萧何不满地对刘邦说：“您待人一向傲慢无礼，如今要任命大将军，还像招呼小孩一样。您如果真心要任命韩信为大将军，就必须选择吉日，建造将坛，然后斋戒沐浴，举行隆重的拜将仪式。”

刘邦说：“行，一切听你安排。”

韩信受封为大将军之后，有一次，汉王刘邦很好奇地问韩信：“萧何多次向寡人推荐将军，将军有什么高见呢？寡人很想听一听。”韩信知道刘邦对自己还不完全了解，于是小心地问道：“大王想争夺天下，难道对手不是项王吗？”刘邦说：“是项王。”韩信又问：“大王您自己估计一下，您在勇敢、强悍、仁厚等方面，同项王比起来谁强？”刘邦想了想，说：“寡人各方面都不如项王。”

韩信站了起来，拜了两拜，赞许地说：“臣也以为大王比不上项王。”他接着说：“臣曾经在项羽手下从军，了解他的为人。项羽力能举鼎，怒吼一声吓得千万人不敢动弹，但他不能放手任用贤才和大将，他的勇猛不过是匹夫之勇罢了；项羽待人很慈祥，战士生病,他流泪心疼,细心照料。可是到了应当封赏有功之人时,却又舍不得,这是妇道人家的见识。”

刘邦点头赞同,韩信继续说:“项王现在虽然横行天下,却背弃了谁先入关谁为王的约定,诸侯将领们都很不满;凡是项王军队经过的地方,百姓们没有不受侵扰的,只是怕他的威势,勉强服从他,这又失去了民心。而您却不同,您入关时,军纪严明,没有一点儿侵扰百姓,又和关中百姓约法三章,关中父老没有不希望您称王的!”

刘邦面露喜色,韩信又说:“如果您能采用同项王相反的做法,任用天下勇武能干的人,把攻下的城池分给有功的将领们,还有谁会不服您?什么地方不能摆平呢?”

刘邦听了韩信的一席话,茅塞顿开。他这才真正认识到萧何的眼光。看来,韩信确实有勇有谋,不是一般的将才。刘邦对韩信一个劲地说:“相见太晚了!相见太晚了!”

韩信用兵

公元前206年8月，刘邦趁项羽发兵攻打齐王田荣的这个时机，以韩信为大将，暗渡陈仓，自汉中攻入关中，夺取了函谷关及其以西地区。接着挥师东下，出武关，为义帝发丧，公开宣布同项羽决战。第二年四月，刘邦率领大军五十六万乘虚夺取了项羽都城——彭城，将项王宫室、财宝和美女全部据为己有，天天大摆筵席，饮酒作乐，庆贺胜利。正在齐地作战的项羽得此消息，立即领精兵三万回击，大败汉军，杀伤汉军十多万人。汉军往南向山里退却，楚军追击到睢水，将汉军推挤压缩在一小块地方进行残酷屠杀，汉军又损失十多万人，睢水都被汉军尸首填塞不流了。汉王被楚军重重包围起来。正在这危急时刻，忽然西北风大作，向楚军迎面刮来，树倒屋塌，飞沙走石，天昏地暗，楚军大乱，汉王才得以带领几十个部将和警卫骑快马逃脱。

汉王陆续收集了一些逃散的士卒，退到了荥阳，各路败军都来会合，萧何也征发关中不合服役年龄的老弱，将他们全部调到荥阳，于是汉王的军威又重新振作起来。楚、汉两军在荥阳相持不下。

彭城之役，汉军大败，本来归顺汉王的魏王豹见这情况，立即归降项羽，宣布反汉。魏王投降楚军，给汉军造成很大的威胁，有被左右夹攻的危险。刘邦于是派韩信领兵去打魏王，魏王豹得知消息，就任命柏直为将军，统率魏国兵马，坚守在黄河东岸的蒲坂，封锁渡口，阻止汉军渡河。

韩信来到蒲坂对岸，见蒲坂地势险要，又到处不见船的踪影，明白敌军已事先做好了准备。“看来硬攻是不行了！”韩信心想，苦苦思考了一会儿，他忽然眼睛一亮，马上命令军队扎营在蒲坂对岸，军营四周插满了红旗，又想法子弄来了一些船只。白天他让士兵们整齐训练，大声呐喊，夜里灯火通明，给敌军一种要强渡黄河的态势。暗地里，他却把汉军主力偷偷地向北移动，以夏阳为偷渡黄河的大本营。

柏直见对岸的汉军正紧张操练，以为韩信真要从蒲坂渡河，心中十分高兴，嘲笑韩信是个庸才。黄河水深流急，加上魏军坚如磐石，韩信就是插上翅膀，也难以渡过黄河，于是放松了对汉军的警惕。

柏直做梦也没有想到，韩信的主力正在夏阳紧张进行渡河准备。韩信命令士兵赶紧做木桶。他命令士兵把几个木桶连在一起，上面拴着木排，倒扣在水面上，就成了渡筏。汉军乘着渡筏，趁夜色悄悄渡到对岸。由于魏军在那里没有防守，所以汉军顺利地攻陷魏军的后方要地安邑。柏直这才如梦初醒，仓促地应战，被汉军击溃，魏王豹被俘。就这样，韩信平定了魏地，解除了汉王后顾之忧。

公元前204年，韩信遵照汉王的命令，和张耳一起，率领汉军去攻打赵国。由魏到赵，中间隔一道太行山脉，其中有一道极狭窄的关口，叫井陉。韩信率领几万人马，准备以井陉为突破口，进攻赵国。赵王歇和赵军统帅陈馀，听说韩信出兵，赶紧率领二十万兵马，集结在井陉口，想在此堵住韩信的军队。

赵国谋士李左车向陈馀献计说：“韩信这次领兵前来，一路上连打胜仗。锐气不可阻挡。但是他们远道行军，千里运送粮草，士兵不能经常吃饱，军马草料也不足。井陉这道关口，容不上两辆战车并行，骑兵也不能排成行列。韩信行进的军队连绵数百里，运粮的车一定落在后面。我倒有个主意，请将军分派三万人马，从小路去截断汉军的粮车。将军只管坚守军营，不与之交战，以使汉军既不能退回，又不能作战，围困得没有粮草，用不了十天，韩信的头颅就可送到将军面前。”

哪知陈馀是个书呆子，用兵一向不用诡计，李左车虽然说得条条在理，他却一句也听不进，反而说：“我读过不少兵书，兵书上说，兵力比敌人大十倍，就可以包围它；兵力比敌人大一倍，就可以和他对阵。现在汉军号称几万人，其实人数很少。况且远道而来，疲惫不堪。我们兵力超过汉军许多倍，难道还打不赢他们吗？如果今天避而不战，别人会讥笑我胆小。”

韩信得知陈馀没有采用李左车的计谋，非常高兴，大胆决定向井陉口进军。他命令军队在离井陉口三十里的地方宿营。到了后半夜，韩信挑选了两千名轻骑兵，让他们每个人带上一面汉军红旗，从小路悄悄地到达赵营侧后方，埋伏起来，准备随时袭击赵营。韩信告诫他们说：“交战时，赵军见我军败退，一定会离开营地追赶我军，你们就乘机火速冲进营垒，拔掉赵军的旗帜，树起我们的红旗。”韩信然后又派一万人做先头部队，沿着河岸摆开阵势，以引诱赵军出战。背水为阵是兵法上的大忌。赵军远远望见汉军的阵势，都大笑起来，说：“韩信真是徒有虚名啊！背水为阵，不留后路，真是自己找死！”

天刚一亮，韩信就命手下树起大将军的旗号，擂着战鼓，向井陉口杀过去。赵军果然立刻出来迎战。两军交战了一段时间，韩信带领汉军假装败退，丢了大旗，弃了战鼓，向水边的阵地跑去。赵军将领十分得意，下令全军出动，想在水边彻底打败汉军。

韩信的主力军和驻扎在水边的先头部队，由于没有退路，都奋力拼杀，十分顽强，赵军一时奈何不了汉军。正在这时，韩信预先派出的两千名轻骑兵，望见赵军全部离营，马上冲进了赵军营垒，拔下赵军旗帜，树起汉军两千面红旗。

经过全力奋战，赵军无法取胜，正想回营，一看本营已换上了汉军红旗，以为自己的主帅一定被汉军俘虏。霎时间，军心涣散，纷纷逃窜。韩信的军队乘机猛攻，彻底打败了赵军，杀死了主帅陈馀，活捉了赵王。

庆功会上,众将向韩信祝贺,问他说:“兵法上说,行军布阵应该右边和背面靠山,前边和左边靠水。可您却让我们背水列阵,竟然还打了胜仗,这是什么战术呢?”

韩信笑着说:“兵书上不是说‘置之死地而后生’吗?这次我指挥的都是没有经过我亲自训练的将士,这无异于指挥乌合之众作战,所以只有把士兵置之死地,让大家为保全自己而战斗。若是给大家留有生路,只怕都四散而逃,哪里还听我的号令?”

将领们听后,都十分敬佩地说:“将军的用兵之术,我们的确无法相比!”

这时,项羽已率楚军占领荥阳,又在成皋打败了刘邦。刘邦只身逃走,渡过黄河,自称是汉王的使者,来到韩信、张耳营中,趁韩信、张耳还在熟睡,拿走了他们的印信和兵符。等到韩信、张耳醒来,刘邦已经更换了营中的将领,夺走了两人统率的军队,将军队全部调往荥阳。刘邦命令张耳防守赵地,任韩信为相国,让他收编赵国士兵去攻打齐国。韩信奉命东征,袭击了齐国历下的驻军,到达临淄,齐王田广逃往高密,派使者向楚王项羽请求援救。

韩信平定临淄后,追赶田广到达高密县的西部。项羽也派龙且带领二十万兵马来救齐国,与齐王田广集合一处,与韩信隔着潍水列阵。

韩信派人连夜做了一万多个袋子,装满沙子,堵住潍水的上游,然后率领一半军队过河攻打楚军。交战不久,韩信假装战败,回头撤退。龙且果然高兴地说:“我本来就知道韩信是个胆小鬼,今天果真不堪一击。”于是带兵渡潍水去追韩信。

韩信见龙且中计,忙派人挖开堵水的沙袋,河水倾泻而来,龙且的大军被突然而下的大水阻挡,还有一大半没有来得及渡河。韩信立即回军反击,杀了龙且,于是楚军溃散,齐王逃走了。韩信追赶败兵到阳城,把楚军的士兵全部俘虏了。

潍水之战,楚国损失了二十万人,元气大伤。次年二月,韩信将齐国完全征服。从此,魏、赵、燕、齐都被汉控制。

霸王别姬

项羽听到龙且大军全军覆没的消息，非常恐慌，就派人去游说韩信叛汉联楚，三分天下。韩信没有答应。齐国人蒯通知道楚汉相争的胜负取决于韩信，就以看相为名来游说韩信，要他叛汉独立。但韩信认为汉王对他有知遇之恩，不忍心背叛，同时，他又自以为功劳大，汉王将来不会亏待他，就婉言谢绝了蒯通的建议。

这时候，汉军兵力强盛，粮食充足，而项羽的军队，东奔西跑，作战频繁，疲惫不堪，同时粮食供应断绝。汉王抓住这个有利时机，两次派人去游说项羽停止敌对行动，最后，双方终于达成和议，议定以鸿沟为界，平分天下，鸿沟以西归汉，鸿沟以东归楚。项羽将在彭城之战中俘虏的刘邦的父亲和妻子送了回去，然后领兵东归。

汉王也打算西归，张良、陈平建议说："汉已占据大半天下，诸侯都归服我们，现在楚军兵疲粮尽，这是上天要灭亡楚国的时候了，如果现在放过去不打，就是养虎遗患。"汉王采纳了这个建议，撕毁和约，继续东进。

公元前202年，刘邦追击项羽到阳夏，和韩信、彭越约定日期前来会合，并力共击楚军。刘邦率军到了固陵，但韩信、彭越的部队没有如期到达。

项羽见刘邦背信弃义，勃然大怒，率领楚军进行反攻，把汉军打得一败涂地。汉王只好进入营垒，深挖壕沟，坚守自卫。形势又处于危急状态，汉王很着急，问张良："韩、彭二将不遵从约定，现在怎么办呢？"

彭越是公元前205年春天率领他的部队三万多人归附汉王的,以后,一直在魏地活动,被汉王任命为魏相国。他在魏地骚扰项羽的后方,牵制项羽的兵力,并将夺得的粮食支持刘邦。这次他接到通知去围攻项羽,却推托说:“魏国这块地方还刚刚平定,对楚国还很畏惧,如果不在这里镇守,恐怕有变乱,所以不能前往。”韩信接到通知虽然没有说什么,但不听调遣,按兵不动,这更是明显地逞兵要挟。

根据这些情况,张良对汉王说:“立韩信为齐王,并不是您的本意,韩信自己也知道他的王位并不稳固。魏国那片地方,是彭越平定的,建立了很多功劳,当初您因为魏豹是魏王的缘故,所以只任命彭越为魏的相国。后来魏豹死了,他没有继承人,彭越想趁此机会称王,而您又不早点确定下来。现在楚军就要崩溃了,韩信、彭越没有得到明确的封地,他们不来会合是很自然的。如果您能够和他们共分天下,他们就一定会立刻赶来。如果不能这样做,事情的发展就难以预料了。”汉王沉思了一会,就立即派使者去告诉韩信、彭越:“合力攻击楚军。把楚军打垮以后,自陈县以东一直到海滨给予齐王,睢阳以北一直到谷城给予彭相国。”

汉王的使者将命令传达以后,韩信、彭越都说:“立刻发兵。”于是,韩信的部队从齐国出发,彭越率领的部队从寿春出发,与韩信的部队并行南下,两军血洗了城父,来到垓下。在这关键时刻,楚大司马周殷背叛项羽,与黥布一起带兵会集垓下,投奔汉王。

这是一场决战。作为主帅,韩信率领三十万人马亲自正面临阵,汉王在后面督师。项羽的部队约十万人,也摆开了阵势。韩信先与项羽军交锋,没有取得胜利,向后退却。楚军在后追赶。这时汉军左右两翼伏兵一齐杀出,韩信回军猛攻,将项羽打得大败。项羽退入垓下的营垒坚守,但兵疲粮尽,汉王军和各路诸侯军把他重重包围。

一天夜里,项羽坐在营帐中,愁眉不展,身边的美人虞姬便陪他喝酒解闷。到了深夜,只听得西风吹得呼呼直响,风声里还夹杂着唱歌的声音。项羽仔细一听，歌声是从汉营传出来的，唱的却是楚地的民歌，他不觉一愣，失神地说："汉军难道把楚国都占领了？汉营中为什么有这么多楚国人呢？"

项羽顿时百感交集，不禁慷慨悲歌，唱道："力拔山兮气盖世，时不利兮骓不逝。骓不逝兮可奈何，虞兮虞兮奈若何！"项羽高声吟唱，美人虞姬在一旁应和，唱道："汉兵已略地，四方楚歌声。大王意气尽，贱妾何聊生。"

项羽想起当年在战场上英姿勃发，而如今，令人万分仰慕的西楚霸王却被汉军层层围困，处境艰难，不由得悲从心来，泪流满面，左右的人也跟着哭得抬不起头来。

项羽决定突围。他跨上乌骓马，带领八百骑士，层层拼杀，趁夜终于突出重围，向南急驰而逃。

直到第二天天亮，刘邦才发现项羽已成功突围，于是命令骑将灌婴带领五千骑兵追击。项羽渡过淮河，跟随的骑兵只有一百多人了。跑到阴陵的时候，他们迷失了方向，项羽就去问一位耕田的老农，老农骗他说："向左。"项羽于是急急忙忙领着一百多人向左急奔，结果陷进了大沼泽地里，项羽想退回原路时，汉兵已经追到，再也无法后退了。

这时，项羽身边只有二十八个骑兵了，而追赶的汉军骑兵有几千人。项羽估计无法逃脱了，对跟随的将士们说："我从起兵到现在已有八年了，身经七十余战，敢于阻挡我的，无不被我击破，我所要攻击的地方，没有不降服的，从没有打过败仗，因此称霸天下。然而今天却被围困在这里，这是天要灭我，并非是我不会打仗。今天我决心战死，愿意和你们一起打一次痛快仗。我一定要三次取胜，为各位突破重围，斩杀敌将，破倒敌军的大旗，让你们知道是天要灭亡我，并非我不会打仗。"

于是，项羽把将士分成四队，面向四方。在汉军重重包围之中，项羽对将士们说："我为你们斩一员敌将。"他命令将士从四面冲下去，约定冲过山的东面分三处集合。然后他大声呼喊着率先冲了过去,汉军一见,惊慌溃散,他立即斩了一员汉将。

这时,汉军骑将杨喜率军追了上来,项羽一见,怒眼圆睁,大声一吼,如同巨雷,杨喜竟吓得连人带马倒退了几里地。

项羽和将士们会合在约定的三个地方。汉军不知项羽所在,就将部队分为三部分,重新包围起来。项羽骑马奔驰,又斩了汉军的一个都尉,杀了数百人,再把人马集合起来,清点人数,只丧失了两个。于是项羽对将士们说:“怎么样?”将士们都佩服地回答说:“正如大王所说的那样,汉军不是您的对手!”

项羽再次杀出重围,来到乌江边。乌江亭的亭长移船靠岸在那里等待着,他对项羽说:“江东地方虽然小,但方圆也有千里,民众几十万,足够称王了。希望大王赶快过江,将来总有一天能够卷土重来。”

项羽听完,仰声长叹道:“上天要灭亡我,我还渡乌江干什么呢?我项羽带着八千名江东子弟渡江西征,如今只剩下我回来,即使江东父老可怜我,立我为王,我又有什么脸去见他们呢?”

他对亭长说:“我知道你是位忠厚的长者,我骑的这匹乌骓马跟随我征战了五年,所向无敌,曾经日行千里,我不忍心杀掉它,把它送您吧!”

于是,他让将士们下马步行,持短兵器交战。单单项羽一个人就斩杀汉军几百人。项羽身上也受了十多处伤。这时,他回头看见汉将吕马童,就对他说:“你不是我的老朋友吗?”

吕马童这才战战兢兢地出阵与项羽打了个照面,回头对另一位骑将王翳说:“这就是项王。”

项羽于是说:“我听说汉王用赐千金、封万户的重赏买我的头,我就把这份人情送给你吧!”说完,拔剑自刎而死。王翳割去项羽的头,其余的骑兵为了争夺项羽的尸体,纵马践踏,互相残杀,死了几十人。

昔日英姿勃发、勇猛过人的西楚霸王,别过爱姬,就这样轰轰烈烈、凄凄惨惨地倒在了乌江边上……

一代雄主

项羽死后，刘邦登上了皇帝的宝座，史称汉高祖，于是，他分封天下，奖励功臣，各诸侯都归服他，天下终于安定下来。高祖定都洛阳，下令士兵们解甲回家，耕田种地，过安居乐业的生活。

汉高祖统一天下以后，得意忘形，常常在洛阳南宫中摆设酒宴，与群臣痛饮狂欢，庆贺胜利。酒至半酣，君臣之间也就解除了拘束，无话不谈，畅所欲言，话题常常涉及到楚汉战争。

有一次，高祖一边喝酒，一边听音乐，想起了年轻时见到秦始皇的情景，威风八面的帝王让他羡慕不已，君临天下的感觉让他心动不已；想起了自己同项羽的多年战争，自己屡战屡败，还有几回死里逃生；想起了从前和将士们风雨中，烈日下行军的情景……如今自己的目标终于实现了！而这一切来得又是多么不容易啊！于是他感慨地端起一杯酒一饮而尽，高声地对大家说："我们都是出生入死的兄弟，今天欢聚一堂，各位不必保留，只管实话实说，我能得天下，项羽却失去天下，这里面真正的原因是什么？"

大臣们一听，都挑最好的话说，有的说刘邦天生英明，有的说刘邦是真命天子，有上天帮忙，刘邦边听边摇头，不太满意。大臣高起、王陵则说："陛下待人态度傲慢，喜欢侮辱别人；项羽待人仁厚，非常爱护部下。但是，陛下能和天下人共享利益，而项羽则嫉妒贤能，人家能力强他怀疑人家难以驾驭，打了胜仗也不愿给人记功，夺了城池他也生怕别人得了好处，这样谁会为他卖命呢？"

群臣中许多人都熟悉项羽，觉得王陵分析得对，大家齐声附和。

高祖笑笑说："各位只知其一，不知其二。要论个人的才能，我不算高手。运筹帷幄之中，决胜千里之外，我不如张良；镇守国家，安抚百姓，保证粮道畅通，供给军队充分的粮草，我不如萧何；统领百万大军，攻敌必胜，攻城必得，我不如韩信。这三个人都是人中豪杰，旷世奇才。我能收纳他们，始终如一信任他们，使用他们，让他们充分发挥才干，这就是我得天下的原因。项羽只有一个范增，他却不信任，害得范老先生拂袖而去，所以他失去了天下。"群臣听了高祖这一番话，觉得他始终抓住得人者昌、失人者亡这一点，见识确实高人一筹。

高祖刘邦虽然对韩信倍加赞许，并封韩信为楚王，但内心却对这位百战百胜的将军不放心，他心里一直嘀咕："如果韩信起兵和我争天下，我可是对付不了的。"恰好在这个时候，有人密告韩信想谋反。高祖采用了陈平的计策，假意去巡游云梦地区，在陈地会集诸侯。韩信信以为真，于是前来迎接高祖，高祖轻而易举地抓了韩信。

韩信没想到自己立了那么多功劳，竟然变成了阶下囚，就对天长叹道："果然像人们所说的那样，'狡兔死，走狗烹；飞鸟尽，良弓藏；敌国破，谋臣亡'。现在天下太平了，我也到了被烹杀的时候了。"高祖由于没有韩信谋反的确凿证据，只好将他降职为淮阴侯，安置在都城中。

韩信被降为侯后，十分不满，知道高祖对他的才华又怕又恨，于是常常称病不去上朝。陈豨被任命为巨鹿郡守，上任前向韩信辞行。韩信拉着他的手，对他说："你所管的地方，精兵良将很多，而且具有重要的战略地位。你是皇帝的宠臣，如果有人告你反叛，皇上一定不会相信；再次有人告你，皇上就会起疑心；第三次有人告你，皇上一定会火冒三丈，亲自带兵攻打你。如果真有那么一天，你完全可以拥兵自保，我也可以在洛阳发兵相助，里应外合，就很容易取胜。"

陈豨知道韩信的才能，说："我一定按照您的指示办。"公元前

197年，陈豨果然在巨鹿发动兵变，高祖刘邦亲自去镇压，让韩信同行。韩信谎称自己有病，留在京城。高祖出发后，韩信暗地召集心腹策划举兵反叛，不料心腹中有一人向朝廷告发了韩信谋反的事。留守京城的吕后就和萧何商议对策，决定先下手为强。

吕后宣称已经活捉了陈豨，要求朝中百官进宫庆贺。萧何亲自上门将此事告诉韩信，欺骗韩信说："你虽然生病，但这是天大的喜事，你还是进宫庆贺为好。"韩信进长乐宫后，被吕后的武士抓获，并就地处死了。

没过多久，又有人告发彭越谋反，高祖便派人把彭越抓了起来，下了监狱，后来没有查到彭越谋反的真凭实据，就把他削职为民，遣送到蜀中去。彭越在遣送的路上，正好碰到了吕后，便向吕后哭诉，央求吕后在皇帝面前说说好话，吕后一口答应，便把他带回了京城。吕后对高祖说："彭越是个壮士，把他送到蜀中，这不是放虎归山吗？"于是，高祖找了个借口把彭越给杀了，并灭了他三族。

高祖当初分封王侯时，韩信、彭越、黥布三个人的势力最强。黥布知道韩信、彭越被杀以后，感到自己也危险，于是干脆就起兵造反。高祖亲自带领大军前去平定。高祖挥动大军进攻，黥布的士兵弓箭齐发。高祖被利箭击中，但伤势不太重，他忍痛继续指挥，汉军士气大振，势如破竹杀向叛军。黥布大败，在逃跑途中被人杀了。

高祖得胜而归，途中队伍经过沛县，这里是高祖的故乡。高祖已好多年没回故乡了，这次经过，就大摆酒宴，把亲朋好友、父老乡亲都请来，大家都开怀畅饮，庆贺高祖衣锦还乡。

高祖心旷神怡，神采飞扬，他弹起筑，高唱自己创作的《大风歌》："大风起兮云飞扬，威加海内兮归故乡，安得猛士兮守四方！"父老乡亲合着他的节拍伴唱，激昂慷慨，令人振奋。高祖情不自禁，离席跳起雄浑刚健的楚舞。

高祖深情地对父老们说："远游的赤子忘不了故乡，将永远陪伴着父老乡亲。”这一番话把众人的心弦都拨动了，父老乡亲们都热泪盈眶，倍感亲切。高祖又说：“我以沛公的身份起兵推翻暴秦，终于夺得了天下。我要免除沛县百姓的赋税徭役，大家世世代代都不必纳税服役了。”众人听了欢声雷动，欣喜若狂，纵酒畅饮，歌唱舞蹈，一片狂欢的景象。

高祖刘邦回到洛阳后，箭伤一直没有恢复，反而是越来越严重了。大臣们都很着急。吕后请来全国医术最好的医生，前来给高祖看伤。医生仔仔细细地检查了伤口，脸色变得有些悲伤，高祖问他说：“我这病还能治好吗？”医生赔笑说：“可以治好。”高祖见他说得很勉强，十分生气，呵斥他说：“我以平民的身份，夺得了天下，这难道不是天命吗？我的命是上天注定的，就是神医扁鹊在世也没有用！”于是赏他五百两黄金，打发他走了，从此，再也不让医生给他治病。

高祖的病一天比一天更重了，吕后见他活不长了，就很小心地走到病床前，恭敬地问他：“为了江山社稷考虑，我有几个问题不得不冒昧地问问皇上。您百年后，萧何丞相死了，您认为谁可以当丞相？”高祖想了一下，说：“萧何是治国的奇才，制定了一套有效的治国方针，继承他的人必须能把这些方针施行下去。我看曹参老成稳重，又和萧何一起工作多年，很熟悉萧何制定每一项方针的道理，他是最好的人选。”吕后又问：“曹参死了以后呢？”高祖说：“王陵可以。王陵原则性太强，可以让陈平辅助他。陈平智谋很好，但一个人难以承担这个重任，两个人配合可以相互补充各自的不足……”

说着说着，高祖不由得长长地叹了一口气。吕后看着一脸忧虑的高祖，忙又问：“皇上，您有什么不放心的吗？请您告诉我吧！我会好好准备，尽量防止那些不好的事情发生的！”高祖思索了好一会儿，沉重而严肃地说：“我死后，国内恐怕会不太安定，你和太子要好好地对待周勃。他稳重宽厚，淳朴而又不善于自夸，将来安定天下的一定是他，你可以让他管理全国的军队。”吕后还想再问，谁又是王陵的继承人，高祖打断他说：“这以后的事情也不是你所能知道的了。”

没过多久，一代雄主刘邦去世。他死后，国家的发展和他死前预料的一模一样。由于吕后重用了刘邦推荐的那几个人，西汉王朝才顺利地渡过一次次危机。

田横五百士

项羽灭秦，分封诸侯的时候，因田荣多次背负项梁，而且不肯出兵跟楚国去攻打秦国，所以没有封他为王。田荣大怒，自立为齐王，率军伐楚。项羽迎战，大败齐军。田荣被杀。项羽的军队放火烧毁齐都的城郭，坑杀田荣降卒，抢夺财物，激起了齐国人民的反抗。

田荣的弟弟田横将被项羽打败的散兵收集起来，决心为哥哥田荣报仇，于是领兵来到城阳攻击项羽。正在这时，汉王刘邦带领军队打败了楚军，进入彭城。项羽得知这个消息后，立即率领军队离开了齐国，日夜兼程赶到彭城，向汉王军队发起进攻。两军多次交战，胜负难分，在荥阳对峙。

田横乘机收复了齐国大大小小的城邑，并立哥哥田荣的儿子田广为齐王，自己任相国。田横平定齐国三年后，汉王派郦食其游说齐国归降，田横分析了当时的楚汉双方，认为归服汉王是形势发展的必然结果。正当齐国决定诚心实意归服汉王时，韩信突然出兵攻打齐国，大败齐军，进兵齐都临淄。齐王以为是郦食其出卖了齐国，一气之下，将郦食其烹死。然后率军弃城而走。齐王跑到高密，派使者向楚国求救。田横则逃到博阳驻守。

韩信用计大破齐楚联军，杀死了楚将龙且，俘虏了齐王田广。田横听说齐王田广已死，就自立为齐王，带领军队和汉军战斗，但终究因为兵力太弱，还是被打败了，田横没有办法，只好逃到梁地，归服彭越。

汉王刘邦当上皇帝后，封彭越为梁王。田横觉得呆在梁地并不安全,怕迟早会被杀掉,就和他的五百名亲信逃到海中,住在一个小岛上。

刘邦得知消息后，认为田横弟兄对平定齐国有功，齐国的贤臣名士都尊敬他，依附他。现在让他流亡在外，担心将来齐人造反，惹出灾祸。因此派使者到海岛上宣布赦免田横的死罪，并召他进宫为官。

田横辞谢说:“我以前杀了皇上的使者郦食其,现在听说他的弟弟郦商在朝中任将,很有才干,我觉得很怕,不敢遵诏去京,只求做个平民百姓！”

使者回报刘邦,刘邦听后,就召见郦商说:“齐王田横就要来了,谁敢动他的人马随从,一律处死！”刘邦又派使者再次到海岛上，把诏令郦商之事原原本本地告诉田横，并严肃地对田横说:“如果你来京,那么皇上可以封你为王,如果你不来的话,皇上将会派兵来攻打。”田横为了保护五百壮士,只好带上两个门客,乘上驿站的马车前往洛阳。

田横在路上走了好多天，来到一个叫尸乡的地方，这里离洛阳只有三十里地，田横对使者说：“做臣子的人面见天子，应当洗澡净身。”于是大家住了下来。

田横对自己的门客说：“当年我田横和汉王都是面南而称王的人,如今汉王已经做了天子,而我则成了亡国的俘虏,要面北向他称臣，这已经是很大的耻辱了。更何况我烹杀了郦商的哥哥,现在却要和他一起侍奉同一个主人,即使他因天子的诏令而不敢动我,难道我就不惭愧吗？”接着他又苦笑说:“如今天子想见我,不过是想看看我的容貌罢了。你们现在砍下我的头,骑着马跑三十里,容貌应该不会改变,这样他还可以看到我的本来面目,请你们一定要这样做呀！”两位门客见田横心意已决,没法再劝,只好哭着答应了。于是,田横拔剑自杀,门客们捧着他的头,跟着使者急奔洛阳,去拜见高祖。

汉高祖惊诧地说:“有这种言行,真是贤德的人。”说完看着田横的头，忍不住流下了眼泪。他封田横的两个门客为都尉，派两千士卒，以王的礼节安葬了田横。这两位门客就在田横的坟旁挖了个洞，自杀在洞里，到地下去陪伴田横。

刘邦听说了这件事，认为田横的门客个个都是忠义的人，于是又派人去召见田横在海岛上的五百位壮士进京。这五百位壮士想早点儿见到田横，就日夜不停地赶往洛阳，谁知到了洛阳却听到了田横的死讯，他们都悲伤极了，问清田横的坟墓位置，来到墓前，恭敬地拜了三拜，然后就一起自杀了。

这消息马上传开，轰动了整个京城。千家万户的人都说："田横真是礼贤下士的人，不然，怎么会得到那么多贤士的爱戴呢？"

萧规曹随

萧何，江苏沛县丰邑人，是高祖刘邦的同乡，他才华出众，办事干练，通晓法律。刘邦在沛县任亭长时，他任县主吏，每次刘邦办事出现漏洞，都是萧何为他周旋，是刘邦的好朋友。刘邦起义以后，萧何一直跟随刘邦征伐，在军中主持日常事务，负责后勤，他总是把事情安排得很有条理，刘邦十分信任他。

公元前206年，刘邦率军攻入咸阳，将士们都纷纷抢占秦朝的国库，掠取钱财和珍宝。萧何对这些不屑一顾，却抢先一个人进入秦朝丞相府、御史府，把秦朝的法律、政令、地图、档案等重要的文献资料全部搬回去，进行清理、分类。不久，项羽进咸阳，一把火把咸阳烧得精光，那些重要的图书典籍由于萧何抢救及时，得以完整地保存下来。

楚汉相争时，萧何利用这些保存的文献资料，很详细地掌握了天下的险关要塞、人口户籍等情况，使得汉军行军打仗、征兵集粮都很方便。等到刘邦夺得天下，萧何作了丞相，他又运用这些资料，制定了一套完整的律法、政令，为巩固汉朝的统治，立下了不可磨灭的功劳。

在刘邦与项羽争夺天下之时，萧何一直肩负着留守后方的重任。刘邦进军三秦，他就在汉中留守，安抚百姓，征集兵粮，支援前线作战。刘邦东出函谷关，与项羽争夺关东之地，萧何就在关中镇守，制定法令，安定后方，征兵征粮，为刘邦建立了巩固的根据地。刘邦屡战屡败，损兵折将，处境困难，萧何总是及时送去大批粮饷和补充兵员，让刘邦恢复元气，坚持作战。

公元前204年,刘邦和项羽在荥阳激战时,曾连续几次派使者去慰问萧何。有人对萧何说:“汉王在野外奋战,现在正是最艰苦的时候,却还不断地派使者来慰劳你,这是对你产生怀疑了。你不如把你的子侄兄弟中能够作战的都送到前线去,表示你绝无二心,这样汉王才会信任你。”萧何采纳了这个意见,刘邦果然非常高兴。

公元前202年,刘邦称帝,对跟随他出生入死的手下论功行赏。群臣争功,刘邦认为萧何功劳最大,对他加以重赏,封他为侯。一些身经百战的将领们十分不满,对刘邦说:“萧何只不过是个文弱书生,从来没有上过战场,而皇上却认为他功劳最大,我们实在想不通。”刘邦一听,反驳道:“你们知道打猎时的猎狗吗?”将领们答道:“知道。”刘邦说:“打猎的时候,追杀猎物的是猎狗,而指挥猎狗的则是猎人。你们武将攻城夺池,冲锋陷阵,就像是追杀猎物的猎狗,萧何则是指挥猎狗的猎人。况且大家只不过是一人随我打天下,而萧何却是带领一家几十个人同我一起出生入死,这些谁能比得上呢?”众将领听了,无言以对。

封侯完毕,接着就是排列位次。大家都说:“平阳侯曹参身经百战,身上的伤痕有七十多处,攻占城邑,夺取土地,他的功劳最多,应该把他排为第一。”高祖虽然没有反对他们的意见,但心里仍然想把萧何列为第一。这时候,关内侯鄂千秋上前说道:“他们的意见都不对。那曹参虽然有冲锋陷阵、夺取土地城邑的功劳,但这只是一时的功劳。皇上与楚国打仗,一连打了五年,经常被楚军打败,军队打散,几次只身而逃。然而萧何,每次都能从关中征集士兵派到前线进行补充,保证了部队的供应。陛下虽然几次在山东一带处于非常困难的境地,萧何却一直稳定着关中的局势以等待陛下的到来。这是千秋万世、永垂不朽的功劳。如今即使失掉一百个像曹参这样的人,对汉又有什么损失呢?用了他,汉也未必就能得到安全的保证。怎么可以把一时的功劳摆在万世功劳之上呢?所以我认为排列位次,应该萧何第一,曹参第二。”高祖说："你讲的有道理。"

萧何病危，当时汉惠帝即位不久，亲自去看望他，并征求他的意见：以后哪一个可以接替他担任丞相。萧何只推荐了曹参。曹参以前也是沛县的一个小官员，与萧何关系较好，后来一道同刘邦起兵。等到两人都当了将相，却产生了隔阂，有了成见。但是，萧何并没有因为个人之间的成见而埋没曹参的才能。

曹参接替萧何而为相国，对萧何制定的所有规章制度都没有丝毫的变更，一切都照萧何的老法子去做，而自己终日在相府中饮酒，无所事事。惠帝以为是曹参看不起他，颇有意见，曹参说："高祖比陛下贤明，萧何比我能干，高祖和萧何平定了天下，制定的法令已经清清楚楚。现在陛下只要垂衣拱手，不必多操心，天下自然而然的太平了。我只要牢牢守住自己丞相的职务，一切都遵照萧何的办法而不打折扣，这不是也很好吗？"

运筹帷幄

张良字子房，是汉高祖刘邦十分得力的谋臣。战国时期，张良的祖父辈们都在韩国做相国。韩国被秦国灭亡时，张良年纪还小，没有做官。因为张家累世为高官，所以家里很富裕，仅奴仆就有三百人。可是，张良为了报答深厚的韩国恩情，连弟弟死了也不肯花钱安葬，而是拿出全部家产来收买刺客，准备刺杀秦始皇，替韩国报仇。

打听到秦始皇外出东巡的消息后，张良和一名勇士埋伏在秦始皇必经之地——博浪沙。当始皇的车队经过时，那名勇士将一个一百二十斤重的大铁锤猛掷过去，将车砸得稀烂。可惜他们击中的只是秦始皇的副车，秦始皇本人安然无恙。为此，秦始皇大发雷霆，诏告天下捉拿刺客。张良的处境非常危险，只好改名换姓，躲藏起来。

陈胜吴广起义，天下响应，各地起义军风起云涌。张良也趁势起兵，在留地投奔了沛公刘邦，当了刘邦的谋士。张良机智多谋，常常使身处险境的刘邦转危为安。刘邦率军先进入关中之后，由于实力远不如项羽，受到项羽的排挤，被封为汉王，封地是偏远贫困的巴、蜀、汉地区。张良送刘邦入汉中，一直送到很远很远的地方还不忍心回去，他明白刘邦胸怀大志，想统一天下，就恭敬地对刘邦说："您为什么不烧掉经过的栈道，向天下显示您永不返回的决心，来消除项羽的疑心呢？"刘邦觉得很有道理，就一路烧掉栈道，表示自己没有向东扩张、争夺天下的野心，以此来迷惑项羽，项羽果然放松了对刘邦的警惕，一心一意去攻打齐地的田荣。

刘邦乘机暗渡陈仓，占领了三秦地区，扩充了自己的势力。

彭城大战中，刘邦损失了几十万将士，他本人拼命突围，才捡回一条命。在撤退的路上，刘邦的情绪十分低落，愁容满面地对张良说："这函谷关以东的土地我不想要了，谁能帮我打败项羽，我就封给谁！"张良听后，沉思了一会儿，说："九江王黥布是楚国的猛将，能征善战，与项羽有很深的隔阂；彭越联合齐国田荣在梁地起兵，屡屡袭击项羽的后方；韩信多谋善断，满腹韬略，可以独当大任。汉王如果把函谷关以东土地封给这三人，他们一定能帮汉王您打败项羽！"刘邦点头同意了。

黥布、彭越、韩信见刘邦如此慷慨，立刻大举进兵，奋勇作战，攻城夺地，搅得项羽穷于应付，疲于奔命。刘邦后来夺得天下，大半都得力于这三个人。公元前204年，楚汉双方在荥阳对峙。项羽兵多粮足，对困守荥阳的刘邦发起猛烈的进攻，刘邦非常忧虑，日思夜想，想不到好的退兵之计。郦食其献计说："秦朝不讲道义，杀害了六国诸侯们的后代，使他们没有立足之地。如果汉王能再封六国的后代为王，一定大得天下民心，那时，不仅六国后代拥护汉王，楚国也会臣服的！"

刘邦听了大喜，马上令郦食其去刻六国王印。张良得知此事后，大惊说："如果您封了六国后代，各国的贤才猛将都会回本国效力，谁帮汉王打天下？"刘邦一听，急得将口中的饭都喷了出来，大骂郦食其说："这个书呆子，差点儿坏了我的大事！"说完，立即派人去销毁六国王印。

刘邦统一天下后，大封功臣，张良一直在刘邦军中出谋划策，没有领过兵打过仗，所以没有战功。刘邦对张良说："在营帐之中运筹策划，决定千里之外的胜利，这就是你的功劳。你可以在齐地任选三万户封地。"

张良说："我当初与陛下在留地相会，这大概是天意，让我们君臣共成大业。我只要留地就足够了，不敢要三万户。"于是刘邦封张良为留侯。

吕后专权

吕雉是汉高祖刘邦的结发妻子，性格刚烈，又很有心计，她为刘邦平定天下、巩固政权出了不少力。叛乱的韩信、彭越都是被她除掉的。吕雉的两个哥哥吕泽、吕释都是刘邦的得力战将，跟随刘邦南征北战，屡建战功，都被封侯。吕氏一家在朝中的势力很大。

刘邦当了皇帝后，立吕雉为皇后。吕后只生了两个孩子，女儿是鲁元公主，儿子刘盈被立为太子，但是，刘盈软弱无能，刘邦很不喜欢他。

刘邦晚年最宠爱的夫人是戚姬，戚姬生的儿子叫刘如意，被封为赵王，赵王英武果断，很像刘邦小的时候，所以刘邦特别喜爱他，多次想改立刘如意为太子，但因大臣们的极力反对，才没有成功。刘邦对戚姬的特别宠爱，引起了吕后的不满，特别是他想改立刘如意为太子，更使得吕后忌恨起戚姬来。吕后觉得这一切都是戚姬在暗中使坏，对戚姬恨得咬牙切齿。

汉高祖刘邦在长安去世后，太子刘盈即位，史称汉惠帝。吕后做了皇太后，实际上控制了朝政大权，于是立即派人把戚姬关押在牢房中，接着，又让人去封地召赵王刘如意回宫。

汉惠帝刘盈仁慈善良，对吕后的所作所为很不满，但是又不好公开反对自己的母亲。他听说吕后召赵王刘如意回宫的事之后，便亲自赶到霸上去迎接赵王，同赵王一起回宫，与他一同吃饭、睡觉。这样，吕后一直没找到机会杀赵王。到这年年底，汉惠帝一清早出去打猎，赵王年纪小，还在睡懒觉。吕后听说赵王一个人在家,就派人拿毒酒去给赵王喝,赵王在睡梦中突然被吵醒,由于年纪还小,没有防备,误以为是皇帝哥哥送来的早餐,端起来一下子全喝光了,等汉惠帝打猎回宫,赵王已经死了。

吕后杀掉赵王之后,仍然不放过戚姬。她命人砍断戚姬的双手双脚,挖掉两只眼睛,又熏聋戚姬的耳朵,逼戚姬喝下哑药,让她住在猪圈里,让人称她的杰作为"人猪",吕后这才满意。过了几天,吕后得意地召汉惠帝去看"人猪",汉惠帝见猪圈里蠕动着一具沾满屎尿的躯干,没有手脚,没有眼睛,吓了一大跳,一问才知道那是被吕后折磨得不成人样的戚姬,于是大哭了一场,边哭边说:"这简直不是人干的事情,我有您这样的母亲,哪里还配治理天下呀!"从此,汉惠帝大病一场,一年多不再过问朝中的事情。

汉惠帝去世后,满朝文武官员、后宫妃子们都悲伤地哭得震天动地,可是吕后却只是干嚎,没有掉一滴眼泪,完全没有一点儿老年丧子的悲痛表情。张良的儿子张辟疆看出了吕后的心思,就对丞相陈平就:"太后只有一个儿子,如今死了,她却哭得并不悲伤,您老知道是什么原因吗?"

陈平反问他:"你说是为什么?"

张辟疆说:"皇帝没有成年儿子,太后很怕你们。您只要请求让吕氏家族的人入朝为官,并有一些兵权,太后心里才会踏实,就可以避免一场动乱了!"

陈平听取了张辟疆的建议,上书太后,太后看后,这才声泪俱下地哭她死去的儿子。

吕后为了进一步巩固自己的权力,准备封她的侄儿吕台等为王。她先找右丞相王陵征求意见,王陵说:"高祖皇帝杀白马立下誓言说:'不是刘氏子弟称王的,天下人共同讨伐他。'如今要立吕家的人为王,这不符合高祖的誓约。"

太后听了很不高兴,又问左丞相陈平、绛侯周勃。陈平、周勃回答说:"高祖皇帝平定天下,封自己的子弟为王。如今太后行使皇帝的权力，封吕家的兄弟、子弟为王，也没有什么不可以。”太后听了非常高兴。

退朝后，王陵责备陈平、周勃阿谀逢迎，违背誓约。陈平、周勃说：“像今天这样在朝廷上当面抗拒太后，我们不如您。至于保全国家的社稷，安定刘氏后代，您也不如我们。”

不久，太后便拜王陵为皇帝的太傅，免去了他的右丞相职务。王陵于是称病免职回家。太后封陈平为右丞相，封审食其为左丞相，封吕台为吕王。

从此，吕氏的权势兴起，吕后不久之后正式临朝执政，公开确立了她的专权统治。

匈奴单于冒顿

匈奴，是我国北方一个古老的民族，从殷周起，与汉族就有来往。从秦末到汉初的三四十年间，匈奴族在冒顿单于的统治下，武力空前强盛，曾给秦、汉统治者以严重的威胁。冒顿单于，是匈奴族的杰出首领。但他取得这个首领职位，是经过一番苦心谋划的。

当秦灭六国以后，秦始皇派遣将军蒙恬率领上万大军抗击匈奴，全部收复了河套以内的地方。当时，匈奴的单于名叫头曼。他打不赢秦王朝，就只好向北转移。

头曼单于的太子就是冒顿。后来头曼有一个宠爱的阏氏，她生了个儿子，头曼就想废掉冒顿改立小儿子为太子，于是让冒顿到月氏国去做人质，然后发兵攻打月氏。月氏头领果然十分生气，准备杀掉冒顿，冒顿非常机灵，乘月氏人不注意，偷了一匹好马逃回匈奴。头曼认为冒顿勇敢强壮，就给了他一万名骑兵让他统领。

冒顿自制了一种响箭，命令部下说："今后听到我射响箭，你们就向响箭射向的目标射击。有违反命令不射的人，定斩不饶！"冒顿外出打猎，用响箭射飞禽走兽，他的响箭射向哪里，部下就跟着射向哪里。冒顿用响箭射自己最喜欢的良马，有的部下不敢跟着射，就被冒顿杀掉了。过了一段时间，冒顿用响箭射向自己心爱的妻子，他的部下都吓坏了，很多人不敢跟着发射，冒顿就把没跟着射他妻子的人全部杀掉了。从那以后，无论冒顿的响箭射向哪里，他的部下都立即射向哪里。冒顿知道，自己的部下已经训练好了,能被自己所用了。

有一天,冒顿跟随父亲头曼外出打猎。乘头曼没注意他时,他用响箭射向头曼。冒顿的部下听到响箭发射,立刻向他发射的地方射击,惟恐射得慢了,遭到冒顿的惩治。无数支箭射中头曼,头曼当场坠马而死。冒顿又乘机杀了后母、弟弟和所有不听从命令的大臣,自立为单于。

冒顿自立为单于的消息传到东胡国,东胡国当时很强盛,东胡王就派使者来要头曼坐的那匹千里马。冒顿问群臣给不给千里马,群臣们说:“那是匈奴最好的宝马,不给东胡国。”冒顿说:“东胡和咱们是邻国,咱们不该因为一匹马而伤了和气。”于是把千里马送给了东胡王。东胡王以为冒顿怕他,没过多久,又派使者去要冒顿的阏氏。冒顿又问群臣给不给,群臣们十分愤怒地说:“东胡王太过分了,竟然要您的阏氏!请您立刻发兵,踏平东胡!”冒顿冷静地说:“不能因为一个女人而和邻国伤了和气!”于是把阏氏也送给了东胡王。

东胡王得到冒顿的阏氏后,更加骄横起来,不时地派兵去骚扰匈奴的边境。在东胡和匈奴之间有块方圆一千多里没人居住的荒地。东胡王派使者对冒顿说:“你们匈奴不准到我们边界外的那块空地,那块空地归我们所有。”冒顿就此事询问群臣。有的大臣说:“那是块废地,给不给东胡都行。”冒顿听了顿时火冒三丈,说:“土地是国家的根本,怎么能送给别人?”说完,下令斩杀了这些大臣,然后亲自带兵攻打东胡,并下令说:“迟到者和掉队者一律处死!”

强大的东胡从来不把匈奴放在眼里,所以在边境上根本没有防范。冒顿率领大军轻而易举就攻进东胡,打败了东胡军,杀死了骄傲的东胡王。紧接着,冒顿又一鼓作气,赶走了西边的月氏,吞并了楼烦和白羊,收复了被秦将蒙恬夺去的土地。这时的中原正处在楚汉相争的战火之中,冒顿乘此时机大肆扩张,使得匈奴兵力发展到三十多万,进入最强盛的时期。

汉高祖刘邦初步平定天下以后，迁韩王信到代国，以马邑为首府，防御匈奴。

公元前201年秋，匈奴大举进攻汉朝边境，以强大兵力包围了马邑。韩王信兵败投降。冒顿令韩王信为向导，乘势率领大军越过句注山进攻太原。

匈奴兵临晋阳城下。刘邦亲自统率三十二万大军抗击匈奴。那时正值严寒的冬季，风雪交加。汉军缺少御寒衣物，很多士兵冻伤了手脚，士气低落，刘邦为此心烦意乱。

冒顿不想和汉朝大军硬打硬拼，决定假装打不过汉军而兵败撤退，以此来引诱汉军追击。

冒顿派老弱士兵到汉军阵前挑战，刘邦轻而易举地就打败了他们。冒顿带兵后撤，刘邦不知是计，立刻下令向北追赶。

汉军大部分是步兵，所以当刘邦率领战车部队和骑兵追到平城时，他们已远远地离开了大队人马。刘邦追到白登时，被匈奴埋伏的精兵团团围住。刘邦与汉军大队人马失去联系，粮食供应断绝。

刘邦登上白登山顶向四周望去，只见匈奴的骑兵，东方清一色的青马；南方清一色的赤黄马；西方清一色的白马；北方清一色的黑马。匈奴军队这次出动精锐骑兵近四十万，阵容整齐威严，令人望而生畏。刘邦看得心惊胆战，暗暗叫苦。

刘邦被围困了七天，在这万分危急的时候，陈平为他献了一计。刘邦采取陈平的计策，派使者带上大量的金银珠宝偷偷下山，去找冒顿的阏氏。

刘邦使者把金银珠宝都献给了阏氏，请求她劝冒顿撤掉包围，并说汉朝还准备送给冒顿单于一个绝世美女。阏氏听说后，担心汉朝美女的到来，会威胁到自己的地位，于是收下厚礼，答应为汉朝求情。

冒顿本来和韩王信的部将王黄、赵利约好时间会师，可王黄、赵利的军队迟迟没有来，冒顿担心他们和汉军阴谋勾结，夹击自己。正忧心忡忡时，阏氏趁机劝道："我听说汉王有神灵保佑，请您不要与他发生冲突。再说，我们是游牧民族，就算打败汉王，得到他的土地，也无法在那里长期居住。请您多多考虑！"冒顿听了阏氏的话，思索了很久。最终，他决定撤掉包围。

刘邦自平城受困回来以后，对于冒顿在北方边境的不断侵扰，抢掠人口和牲畜财物，感到非常忧虑，但又无力对付。这时，刘敬提出了"和亲"的建议，那就是把汉室公主嫁给单于，每年给他送去大批的丝绸、粮食、酒等，与匈奴约为兄弟，以缓和它对边境的侵扰。刘邦认为当时也只有这个办法可行，于是就准备把鲁元公主送去。吕后知道了，日日夜夜痛哭流涕，对刘邦说："我只有一子一女，你怎么把我这唯一的女儿忍心抛弃给匈奴呢！"刘邦不能送鲁元公主，就选了后宫所生的一个女儿说是公主，送去给单于为妻，并且派刘敬为使者到匈奴那里去缔结和亲的盟约。

高祖去世后，惠帝即位，吕后听政。当时汉朝政权建立不久，还不巩固，又由于长期战争的破坏，经济也急待恢复。因为汉朝国力虚弱，所以匈奴更加骄横，根本不把汉朝君主看在眼里。

有一次，冒顿给吕后写了一封信，吕后看完，气得眼珠发直，火星直冒，面红耳赤，两手哆嗦，几下把信撕得粉碎，往地下一甩，立即召集文武百官进宫，商讨出兵讨伐匈奴事宜。原来，冒顿在信中戏弄汉室，要求和吕后同居，而且言词卑劣猥亵，吕后怎能不气冲牛斗呢？文武百官到齐以后，吕后说："匈奴来信，非常无礼，我准备出兵，你们的意见如何？"

上将军樊哙说："我愿领十万人马，去把匈奴打个落花流水。"

将领们为了讨好吕后，都说："我们愿意跟随出征。"

这时，忽然有一个人大声嚷道："樊哙该斩首！"大家一惊，留神一瞧，原来是中郎将季布。季布不等吕后问话，忙出班接着说："前几年，高祖率领三十多万人马攻匈奴，尚且在平城被围困，如今樊哙怎么带十万人马就可以在匈奴中横冲直闯呢？这是当面欺骗太后。现在，国家战争的创伤还没有平复，樊哙为了博取太后的欢心，又想要动摇天下。这不该斩首么？”

殿上的官员听了这番话，都吓得不得了，但是吕后却冷静下来，马上宣布退朝，以后也没有再议论讨伐匈奴的事。一向刚毅泼辣的吕后，却不得不忍气吞声承受了这次莫大的侮辱。

汉文帝

刘恒是汉高祖的儿子，是薄氏所生。汉高祖在击破陈豨的叛军后，封刘恒为代王。吕氏的力量被铲除后，朝中一时无主，大臣们经过商议，觉得代王刘恒为人仁孝，并且代王的母亲薄氏，忠厚老实，从不参与政治，于是在公元前180年，丞相陈平、太尉周勃等派人去迎接远在代地的代王，回来称帝，史称汉文帝。

汉文帝刚刚即位不久，就觉得连坐的法律条文很不恰当，他对群臣说："法律是治国的准绳，是用来禁止暴乱、劝人向善的。如今犯罪的人已经依法治了罪，却还要让他们无辜的妻子儿女们受牵连而治罪，罚做官府的奴仆，我认为这样做很不合适，你们再讨论一下吧！"

有关的官员说："老百姓们不能自己管理自己，所以才制订法律来禁止他们。实行亲人连坐判罪的刑罚，为的是增加他们内心的恐惧和压力，使他们不敢犯法，这项制度由来已久了！"

文帝说："我听说法律公正，老百姓们就会诚实，量刑恰当，老百姓们就会服从。治理民众并引导他们向善，这是官吏的责任。官吏们没有能力引导百姓，却又用不公正的法律来处罚他们，这反而是坑害了百姓，使他们走向邪恶，又凭什么去禁止他们犯罪呢？"

群臣听了文帝这番很有道理的分析，都点头赞同，于是就废除罪犯家属发配为官奴等各项连坐法律条文。

齐国的太仓令淳于意犯了罪，应该受肉刑处罚，朝廷下令将他押到京城进行惩处。他的小女儿缇萦毅然跟随父亲到了京城，冒死上书文帝，请求宽恕她的父亲。

她在书中写道："我的父亲公正廉洁，现在因触犯法律被押到京城来受刑，我很伤心。我感到伤心的是，受了死刑的人不能复活，受了肉刑的人肢体断了也不能再接起来，即使他们想改过自新，也不可能了。我请求陛下能够收我进官府做奴仆，以抵我父亲的肉刑，使他能有机会改过自新。"

文帝看了缇萦的上书，很受感动。他怜惜缇萦的孝心，就下令赦免了淳于意的肉刑。为此，他又特别向天下百姓发布了诏书，在诏书中很诚恳地批评了自己，说："如今刑法中有三种肉刑，却不能禁止奸邪，这难道不是因为朕德行不够好，政教不明白引起的吗？朕感到很惭愧。"他还通告天下，从此废除肉刑。

文帝认为农业是国家的根本，农民们常年辛勤地劳动，还要缴纳沉重的租税，生活十分艰辛，这样并不利于农民积极地进行生产。于是，他下令减免农民们的沉重租税，同时，还采取了很多方法，鼓励农民们生产耕种。每逢发生天灾，他就立刻下令打开粮仓救济灾民，解除封山封湖的禁令，减少皇宫中的开支，停止诸侯们向朝廷进贡，他处处都以百姓们为重，从不增加百姓们的负担。

汉文帝从代地来到京城，做了二十三年皇帝，从来没有添加过衣服、饰物、车马等，也从不增修宫殿园林。凡是对民众不利的事，文帝一律废止。

有一次，皇宫中打算修建一座高台，文帝召来工匠计算所需的费用，结果需要上百斤黄金。文帝一听，立即下令停建高台，他说："百斤黄金相当于十户中等人家的产业，我承受了先帝留下来的宫室，还要建造高台干什么呢？"

文帝平常穿的都是质地粗厚的丝织衣服，包括他最宠爱的慎夫人，他也命令她不能穿长得拖地的衣服。

由于汉文帝体恤民情，奖励农耕，所以社会生产发展很快，人民丰衣足食。他减轻刑罚，重视教化，社会稳定，人民安居乐业。

文帝死后，他的儿子汉景帝依照他的方法治理天下。他们在位的几十年是中国历史上少有的太平盛世，后人称为"文景之治"。

张释之严格执法

汉文帝当政时政治清明,能涌现出张释之这样的司法官就不奇怪了。他执法威严公正,不含私心,在当时很有名望。

封建社会,可以用金钱买官。张释之年轻时,他二哥出钱为他捐了个保卫皇宫的小官。张释之整整干了十年,觉得没有什么盼头,想辞职回家帮哥哥分担家务。当时朝廷有个官员叫袁盎,觉得张释之这个人不错,有才干,就在皇帝面前竭力推荐他。汉文帝便破格召见了张释之,让他谈谈天下大事。张释之平时聪明好学,关心政事,对事物的分析有自己独到的见解。他向汉文帝一一道来,具体而不空洞,说得汉文帝频频点头。不久,文帝就封他为公车令。

张释之当上公车令后,有一天,见到太子和他的弟弟梁王同乘一辆车入朝,眼见到了宫门口,也不下车,竟想长驱直入。张释之连忙追上去拦截,不让他俩进宫,判定他俩犯了过宫不下车的"不敬"罪,上奏皇帝。太子和梁王是薄太后的掌上明珠,他们的举动把皇上也吓了一跳,在薄太后的追问下,汉文帝只能自我检讨道:"都是我的错,我没有把儿子教育好。"最后由太后出面,宣布赦免太子、梁王之罪,他们俩人才获准可以进宫。

当时的张释之只是一个小小的公车令,官职很低微,却敢于弹劾太子与梁王,这无疑是太岁头上动土。好在汉文帝是很开明的君主,他并没有因此而心怀不快,反而认为张释之的敢作敢为是好样的,对朝廷有利,下令提升他为中大夫。

一次,张释之跟随汉文帝出城巡视,来到城北的一座桥,不知怎么桥下突然钻出一个人来，惊吓了给皇帝拉车的马匹，马高声嘶鸣起来，那个人吓得拔腿就跑。卫队紧紧追赶，抓住了那个人。皇帝命令交给张释之处理。因为那时张释之已经担任了廷尉，掌管全国的司法工作，是最高的司法官。

张释之亲自审问那个冲撞皇帝车驾的人，那人从实禀告说："小的是路过这里，听见皇上车驾过来的吆喝声，急忙回避，就躲到了桥下面。后来听听没有声音了，以为车驾已经过去，就钻了出来。想不到车驾还未过去，正好给小的撞上，小人实在是无意冲撞，望大人查明真相，饶恕我吧。"张释之听了那人的申诉后，仔细地调查了事情的来龙去脉，弄清了真相，觉得那人说的都是实话，便罚了那人四两罚金。汉文帝知道后十分生气地说："你判得太轻了吧，幸亏朕的马比较驯服温和，不然的话，还不把朕摔伤了？"

张释之见汉文帝不高兴，便从容地解释说："陛下，我认为对于法律来说，不管是皇上还是老百姓，都是平等的。本朝的法律对于无意惊驾的处罚就是处以罚款，所以我就遵照这条法规判刑。如果陛下要加重刑罚，就显得有些随心所欲，那么，今后的法律，叫老百姓怎么遵守呢？请陛下再考虑一下吧。"

汉文帝听了张释之的话，沉思了一下说："那就照此办事吧。"

没多久，又发生了一桩案子。有人偷盗先帝庙中座位前的一块玉环。文帝大动肝火，命张释之判偷窃犯灭族之罪，张释之根据刑律的规定，奏请判为杀死窃犯一个人，并把尸体抛在街上示众。

文帝听了很不满意，说："你怎么老是用一些刑罚条例来跟我作对，神圣的宗庙竟然有人敢进去偷窃，这个国家成什么样子？我这么重用你，可不是叫你去庇护罪犯呀。"

张释之严肃地取下头上的乌纱帽，对文帝说："作为一个最高司法官，我从未庇护过任何一个犯人。如果有人偷盗宗庙里的东西就判灭族，那么万一有人盗掘先祖的陵墓，又该怎么加刑呢？"

文帝把这件事跟太后商量，太后觉得应当依法办事，于是文帝只好同意了张释之的奏请。

汉景帝与晁错

晁错为人正直严厉，汉文帝在位时，他曾经上书说："皇帝之所以能够在万世之后立功扬名，是因为他懂得统治的方法。知道如何控制大臣，那么群臣都会畏惧服从，皇帝就不会被臣下蒙骗；知道如何安抚百姓，为民求利，那么天下百姓都会诚服。以上这些知识，我认为都是皇太子急需知道的。"

汉文帝认为他说得很好，就让他做了太子刘启的老师。因为能言善辩，晁错深得太子的喜欢，太子家的人都说他是"智囊"。后来，汉文帝去世，太子刘启即位，就是汉景帝。

汉景帝在位时，晁错任御史大夫。他多次向汉景帝提意见，出计策，汉景帝都听从他的，非常信任他，可是，像袁盎等大功臣们大多都不喜欢他。晁错见诸侯们的势力一天比一天强大，对皇帝的统治很不利，就整理了诸侯们的罪过，希望削减诸侯们的封地。他把这个想了很久，还在汉文帝时就形成的看法和建议上报给汉景帝。汉景帝看后，把这个建议交给群臣进行了激烈的讨论。诸侯们听说后，心里都很怨恨晁错。

晁错的父亲听说了这件事，急急忙忙从家乡赶到京城，对晁错说："皇上才刚刚即位，你就提出要削减诸侯的封地，离间皇室的骨肉亲情，使得诸侯大臣们都一肚子怨气，你这是为了什么呢？"

晁错恭敬地回答："我为的是巩固皇上的地位啊！不削弱诸侯，天子就不够尊贵，天下就不够安定。"

晁父一脸悲凄地说："刘氏安全了，而晁氏却危险了，我真不忍心看着灾祸降临我们晁家。"于是就喝毒药自杀了。

过了不久，吴王刘濞就以朝廷要削减诸侯封地为名，联合其他六个诸侯，打着“清君侧，诛晁错”的旗号起兵造反。汉景帝为平定叛乱，特地召见了大臣袁盎，询问他吴国的具体情况，袁盎跟晁错有仇，就想乘这个机会公报私仇。他对汉景帝说：“吴楚的相国送来书信，说高祖皇帝的王子和兄弟们都有封地，如今贼臣晁错却想抑制诸侯，削减他们的封地，所以他们发动叛乱，共同讨伐晁错，恢复过去的封地。我认为，只要斩了晁错，派使者赦免七国的叛乱之罪，恢复过去的封地，那么，汉军不用流血，七国就会自然罢兵了。”

汉景帝听后，沉思了很久，说：“如果真是这样，我不会因为爱惜一个人而出动大军！”没过几天，汉景帝派使者召见晁错，使者把晁错骗到东市斩杀了，晁错死的时候，身上还穿着朝服。

然而，晁错的死并没有使叛军罢兵。一天，负责平定叛乱的将军邓公回到京城，向景帝报告军事情况，汉景帝问他说：“你回来，是因为叛军听说杀了晁错，肯退兵了吗？”

邓公说：“吴王为了造反已经准备了好几十年，他因为削地的事，只是借杀晁错的名义，完成他蓄谋已久的计划，其实他本意是针对朝廷呀！我担心天下贤能的人从此都不敢再劝谏了。”

汉景帝非常吃惊，问：“为什么呀？”

邓公说：“晁错是担心诸侯强大了不能控制，所以请求削弱诸侯的势力，这是有利于万世统治的啊！可是计划才刚刚实行，他就突然被杀。这样一来，对内使得忠臣不敢说话，对外又替诸侯们报了仇，我私下觉得皇上您不该这样做呀！”

汉景帝听了，伤心地静坐了半天，长叹着说：“你说得好，我也恨自己呀！”

周亚夫平叛

周亚夫，是绛侯周勃的儿子，以善于用兵、治军严谨而闻名。汉文帝时，匈奴曾集结了重兵准备大规模地进犯北部边境。文帝为了防备匈奴的进攻，决定在京城长安附近的军事要地霸上、棘门、细柳三处设置军营。周亚夫奉命率军进驻细柳营。

一天，文帝亲自去慰劳军队，来到霸上和棘门的军营时，劳军的车驾都是长驱直入，毫无阻拦，将军以下的军官都骑着马迎进送出。后来，文帝来到细柳军营，那情况就不一样了：军官和士兵都披着铠甲，手里拿着擦得雪亮的刀枪，张开弓弩搭上箭，真是戒备森严。

文帝的先行官吏来到营门，门卫不让他们进去。那些先行官吏说："皇上就要到了！"

守卫营门的都尉说："将军有令，军中只听将军的命令，不接受其他任何人的命令。"

过了一会，文帝的车驾到了，也照样被挡住不能进去。于是，文帝派使者拿了符节凭证进营去向将军周亚夫传达诏令："朕要进军营慰劳将士。"

这时，周亚夫才下令打开营门，放车驾进来。进去的时候，守卫营门的军官郑重地对文帝的随从人员说："将军有规定，军营内，车马不许奔跑。"

文帝听了，只好吩咐放松马的缰绳，慢慢地走着。文帝来到中军营帐，只见将军周亚夫顶盔贯甲，手执兵器，威风凛凛地站在那里。他见了文帝，只是拱手表示欢迎："甲胄在身，例不下拜，请允许我以军礼朝见皇上。”

文帝听了，大为震动，脸上立刻显得严肃起来，就靠在车前的横木上答礼，同时又派人上前致意：“皇上慰劳将军！”

劳军仪式完毕，文帝车驾离开军营。随从的官员都感到十分惊讶，文帝却赞叹地说：“啊！这才是真正的将军。前些时候，我看到霸上和棘门两处的队伍，就像小孩子们在做游戏！如果敌人来偷袭，俘虏他们的将军也是很容易的。至于亚夫，敌人能够轻易侵犯他吗？”连连称赞了好长时间。

过了一个多月，情况好转，这三路大军都撤除了，文帝就任命周亚太为中尉，负责京城的治安。

临终的时候，文帝嘱咐太子刘启说：“假如国家遇到紧急事故，周亚夫确实是能够担当统率军队的重任的。”

文帝去世后，汉景帝任命周亚夫为车骑将军。

公元前154年，吴、楚等七个诸侯国联合发动叛乱，汉景帝派遣周亚夫以中尉身份代行太尉的职务，率军东进平叛。行前，周亚夫向景帝请求说：“吴军剽悍轻捷，难于和他们正面争锋。我们可以暂时把梁国舍弃给吴国，然后断绝敌军的粮道，这样才可以制服它。”景帝同意他的这个计划。周亚夫将部队集结在荥阳。

这时吴军正在攻打梁国，梁王刘武见吴兵非常强悍并且来势凶猛，急忙向周亚夫告急求救。但周亚夫却领兵向东北进发，在昌邑深沟高垒，修筑起坚固的防御阵地，准备坚守。梁国天天派使者去请求发兵，周亚夫按照既定的策略，没有同意。梁王又赶忙上书景帝，景帝下诏书让周亚夫出兵救梁。“将在外，君命有所不受”，周亚夫对景帝的圣旨也没有理睬，只是坚守壁垒，拒不出战。

“置之死地而后生”，梁王被逼无奈，只好自己设法抵抗吴兵，仗着士兵的同仇敌忾，英勇作战，吴军不但未能攻破淮阳，反而损兵折将，损失很大。

周亚夫派弓高侯韩颓当率领轻装骑兵去断绝吴、楚军队的粮道。吴军缺乏粮食，士兵饥饿。吴王考虑到在目前粮食极度匮乏的危急时刻，惟一的办法就是在断粮之前与汉军决一死战。可是不管吴王如何挑战，周亚夫就是坚守不出。

一夜，冷风中夹杂着一股杀气在战场肆虐。吴军再也不能等了，于是向汉军发起攻击。一开始佯攻汉军壁垒的东南角，周亚夫识破了吴军“声东击西”的计谋，并不往东南角调动军队，却把精锐部队调到西北角加强防守。不久，吴国果然派出主力强攻西北角，攻势异常猛烈，但因汉军顽强抵抗，吴军始终未能突破汉军壁垒。这场攻坚战使吴军遭到巨大的损失，士气更加低落。这时，吴军矢尽粮绝，只得撤兵退却。

周亚夫抓住这个反攻成熟的关键时刻，立刻命令全部精锐部队四路出击，乘胜前进，把吴楚的军队打得落花流水。

吴王刘濞丢弃了自己的军队，带着几千名将士逃到长江以南的丹徒县。周亚夫乘胜追击，全部俘虏了吴国的将士，并悬赏黄金千斤捉拿吴王。一个多月后，越地的人杀了吴王，割下他的头前来报功请赏。

前后只三个月，周亚夫就平定了吴、楚七国的叛乱，再一次维护了西汉王朝的集中统一，使诸侯王的势力受到致命的打击。从此以后，诸侯王国实际上变成了和中央直接统辖的郡一样的地方单位。

马邑伏兵

公元前133年，匈奴请求和汉朝和亲，汉武帝就召集群臣讨论，和匈奴到底该不该和亲。多次担任过边疆官吏的王恢比较了解匈奴的情况，就说："匈奴是个不守信用的民族，从前和我们大汉修好，经常是过不了几年就背弃盟约，我们最好不要答应和亲，而应该出兵攻打他们，使他们彻底臣服。"

御史大夫韩安国表示反对，他说："匈奴远在北方，我们奔波几千里去攻打他们，等到交战的时候，早就人困马乏，实在是不容易取胜。我认为还是和亲比较好。"

大臣们大多都同意韩安国的看法。于是，汉武帝决定与匈奴和亲。

和亲后的第二年，边境重镇马邑有个名叫聂壹的富豪对王恢说："匈奴刚刚同我们大汉和亲，对边境上的居民们很信任，我们可以利用匈奴人的这种心态，再用钱物引诱他们，然后乘机用计消灭他们。"

王恢把聂壹的话以及自己的作战计划上报给汉武帝。武帝就派聂壹逃到匈奴去作间谍。

聂壹对匈奴单于说："我与马邑县令有仇，想杀掉他献城投降，把马邑的财物全部献给你。"

单于听了很高兴，让他先回去杀掉那些官吏，然后匈奴再出兵夺城。聂壹回到马邑，斩杀了几个犯了死罪的囚犯，砍下他们的脑袋悬挂在马邑的城头。单于的使者看见城头上的人头，以为聂壹真的杀死了马邑的官吏，就高高兴兴地回去向单于汇报。于是单于亲自率领十多万骑兵穿过边塞来占领马邑。

汉军早就在马邑城旁边的山谷中埋伏了三十多万人马,准备等单于一进入马邑就出击。王恢、李广的任务是另外带三万士兵从代郡出击,攻打匈奴护送辎重的部队。

单于带兵进入边塞后,发现了一个奇怪的现象:原野上虽然有很多牛羊在悠闲地吃着青草,可是却看不到一个放牧的人!为什么会这么不正常呢?于是下令攻打烽火台,抓了雁门尉史过来审问。雁门尉史说:"汉军在马邑城附近布置了几十万伏兵,专门等着你们人圈套呢!"单于惊慌失措地对身边的人说:"我差点儿上了汉人的当!赶快传我的命令,立刻返回!"

埋伏在马邑城附近的三十多万汉军得知匈奴退兵,立刻前去追赶,追到边塞都没有追赶上。王恢听说单于没有和汉军交战就退兵了,估计自己如果按原计划攻击匈奴护送辎重的军队的话,肯定会和匈奴的主力部队遭遇,那样的话,自己的三万士兵必败无疑。于是,就依据趋利避害的原则退了兵。结果,汉朝出动的三十多万大军一无所获,无功而返。

伏击匈奴的计划失败后,汉武帝对王恢没有按计划攻击匈奴运送辎重的部队,却自作主张退兵感到十分生气。

王恢谢罪说:"我手下的三万人打不过匈奴十多万的精兵。我知道自己不出击会被斩首,但是我情愿不出兵,因为那样做我可以为朝廷保全三万士兵!"

武帝听后,叹了口气说:"你是这次马邑计划的制定人,如果出击,即使没有收获,也能够安慰一下将士们的劳苦之心。我必须斩你,要不然,我无法向天下人交代。"王恢听完武帝的话就自杀了。

飞将军李广

李广是秦朝李信将军的后代,李家世世代代精通射箭。汉文帝时,匈奴部队大规模地侵入萧关,李广以清白人家子弟的身分参军,跟随汉朝大军抗击匈奴。由于他擅长骑马射箭,杀死和俘虏了许多敌兵,所以被任命为中郎官。

李广经常跟随文帝外出巡视和游猎,他勇于冲锋陷阵,破关斩将,搏杀猛兽,因此汉文帝说:“可惜呀!你没有碰上好时机,如果你生逢高祖争天下的时代,封个万户侯是不在话下的。”

汉景帝时,发生了吴楚七国叛乱,李广担任骁骑都尉,跟从太尉周亚夫攻打吴楚联军。在昌邑城下,李广一马当先,夺取了敌军的帅旗,威名大扬。后来,李广历任边境各郡太守,都以勇敢作战而出名。

有一次,匈奴军队大举入侵上郡,李广率领部队抗击匈奴。李广军中有一位朝廷派来的宦官不守纪律,单独行动,带着几十名骑兵放马驰骋,和三个匈奴人遭遇。宦官带着士兵追杀匈奴人。这三个匈奴人的箭法高超,转身射箭,一箭就射伤了宦官,几十名汉军骑兵也几乎全被射杀了。宦官好不容易逃回军营。

李广说:“这一定是匈奴的射雕能手。”他随即带了一百名骑兵去追赶。看到那三个匈奴人后,李广命令他的骑兵左右分开,从两边包抄,然后他盘马挽弓亲自射那三个匈奴人,结果射死二人,活捉一人。李广一问,这三人果然是匈奴的射雕手。

刚准备回去的时候,李广远远望见几千名匈奴骑兵奔驰而来。李广手下一百名骑兵都非常害怕,想策马往回跑。李广说:

“我们离开大军有几十里的路，如果就这样往回跑，匈奴部队一定会追击，用箭把我们全部射死。如果我们留下来不走，匈奴部队会误以为我们是大军的诱饵，一定不敢攻击我们。我们现在把马鞍卸下来表明我们不走，正好使他们确认我们是诱敌者。”

匈奴兵发现李广他们后，果然没有轻举妄动。这时，有个骑白马的匈奴将领出来发号施令，李广飞快跳上战马，带领十几个骑兵飞奔过去，一箭射死了那个将领，然后又返回原地，下马休息。

天渐渐黑下来，匈奴以为附近真的埋伏着汉朝的大部队，一直不敢挑战，到了半夜，他们害怕汉军趁夜偷袭，就全部撤走了。第二天天亮，李广带领着手下一百骑兵平安地回到军中。

汉景帝去世后，汉武帝即位。大臣们都向汉武帝推荐李广，认为李广智勇双全，可堪重用。汉武帝于是调李广来当未央宫的卫尉。

过了四年，李广由卫尉出任将军，率领汉军出雁门关打击匈奴。由于匈奴兵多将广，势力强大，李广的部队被打得惨败，李广也受了重伤，被匈奴活捉了。

匈奴单于早就听说了李广勇猛善战的威名，很想亲眼见一见他。匈奴兵就用麻绳结成网，吊在两匹战马之间，把全身是伤的李广放在上面，匆匆返回军营。

李广躺在网上一动不动，假装死去，暗地里，却在一边养神，一边悄悄地观察敌情。他斜眼瞧见旁边有个匈奴兵骑着一匹好马，就趁他不注意时，沉住气，一跃而起，跳上那个匈奴兵的马背，并夺下他的弓箭，推他下马，然后快马飞奔而逃。几百个如梦初醒的匈奴兵立即急驰追来，李广纵马奔驰，回身放箭，射死不少匈奴兵，终于安全逃脱。他向南奔驰了几十里，遇上本军溃兵，于是收拾人马，率领他们回到边关。

李广回到京师长安后，朝廷把他交给执法官吏审讯。李广战败被俘，依法当斩。李广花钱赎了死罪，才改判为削职为民。

过了不久,匈奴兵又大举入侵关内,汉朝将领连战连败,汉武帝于是又召回李广,任命他为右北平郡太守。匈奴人早听说了李广的威名,称他为“大汉飞将军”,不敢招惹他,好几年都不敢入侵右北平郡。

有一次,李广外出打猎,远远望见草丛里一块石头,误以为是只老虎,拉开弓弦,一箭射去,正中石头,整个箭头都射到石头里。李广走近定睛一看,原来是块石头。他深感惊讶,又射了几箭,却再也没能射入石头中了。

李广每到一地,只要听说当地有老虎,总是亲自去射猎。在镇守右北平时,有一次,他去射老虎,老虎纵身扑过来,抓伤了他,但李广最终还是一箭把老虎射死了。

李广为人廉洁,得了赏赐都分给自己的部下,吃喝都和士兵在一起。他当了四十多年的高级军官,家中还是没有多余的财产。李广身材高大,两只胳膊如猿臂,长而灵活,似乎是一个天生的射箭手。即使他的子孙或其他人向他学射箭,也没有谁能超过他的。然而,他言语迟钝,很少说话,和别人在一起就在地上画军阵。他常常与人比箭,从高处放箭射地上画的宽窄行列,输了的罚喝酒。他这种以射箭做游戏的爱好一直保持到死。

李广的射箭习惯是:看到敌人进逼,如果不是在几十步内可以射中的范围内,就不发射,但只要他一放箭,敌人一定会应声而倒毙。正因为箭不多发,所以他领兵出战,好几次被围受辱;打猎射虎,也被虎扑伤。

公元前123年,李广调任后将军,跟随大将军卫青从定襄郡出塞,征伐匈奴。又过两年,李广担任郎中令,率领四千骑兵从右北平郡出塞。博望侯张骞率领一万骑兵,也和李广一起出征。

出塞后,汉军分两路行军,李广与张骞各带一路人马。李广的军队走了大约几百里,就被匈奴左贤王带领的四万骑兵包围了。李广就派他的儿子李敢骑马去侦探敌情。

李敢独自带了几十名骑兵飞马而去,穿过匈奴骑兵的包围圈，又从他们的左右两翼杀了回来，向李广报告说："匈奴兵很容易对付。"这样，军心才安定下来。

李广命令士兵排成圆形的阵势，面朝外对敌。匈奴兵猛攻汉军，箭如雨下。汉兵伤亡过半，箭也快射完了。李广就命令士兵把弓拉满，不要发箭，他亲自拿着大黄弩弓射击匈奴的将领，一连射杀了好几个。匈奴兵不敢逼近，只在远处呐喊。

这时，天色也暗淡下来了，官兵们都已吓得面如土色，而李广却神态自如，更加精神抖擞地指挥部队。

第二天，汉军又继续和匈奴兵奋战，博望侯张骞的军队恰好赶到，匈奴军队才解围而去。援军非常疲乏，无法再去追击敌军。李广的部队这时也几乎全军覆没，只得收兵回去。按照汉朝的法律，博望侯张骞耽误了行程，迟误了军期，应当处死。张骞用钱赎了罪，被贬为平民。李广功过抵消，没有得到赏赐。

李广尽管打起仗来出生入死，有着"飞将军"的美称，却从没有获得爵位和封邑，官也只做到卫尉、郎中令，没有超过九卿。而那些曾经跟随李广征伐匈奴的校尉却有数十人因功封侯。

公元前119年，大将军卫青、骠骑将军霍去病率领大军出征匈奴，李广主动请求随同前去。汉武帝认为他年纪大了，没有答应，在李广的一再坚持下，过了很久才批准他的请求，并任命他为前将军。

汉军出塞后，卫青抓到一个匈奴俘虏，问出了匈奴单于所在的地方，就亲自率精锐部队去袭击，而命令李广和右将军赵食其的两支军队从东路进攻。东路迂曲遥远，缺乏水草，不便于大规模军事行动。李广请求说："我是前将军，现在大将军却让我充当偏师，从东路行军。我从年轻时就与匈奴作战，直到今天才得到一次和单于主力对敌的机会。我愿意去打先锋，与单于决一死战。"

汉武帝曾嘱咐大将军卫青，说李广时运不佳，屡次遭到挫折，不要让他与单于打遭遇战。而卫青的好朋友公孙敖因与匈奴作战不利，刚被免去侯爵之位，作为中将军跟随卫青出征。卫青有意让公孙敖和自己一起与单于对阵，以立功恢复爵位，所以调开前将军李广。

李广坚决拒绝大将军的调遣。大将军十分恼火，就下达文书到李广军中说："大将军命令你赶快遵照公文上的指示，率兵到右将军的部队去。"

李广十分气愤，没有向卫青辞行就出发了，带领士兵往右将军的营地，两军合并从东路出发。

大将军卫青与单于交战，单于逃走，汉军没有取得战果，只好班师回来。南下越过沙漠后，正好遇见李广和赵食其率领的东路部队。原来，李广和赵食其的部队由于没有向导，迷了路，耽误了和大将军约定的会合日期。

卫青上书向天子报告出征的情况，暗示李广迷路误了军情。卫青又派长史收押李广手下的将士去受审对证。

李广说："我的部下们没有错，迷路的责任由我一个人承担，过一会儿我会亲自到大将军那里去接受审问。"然后仰天长叹，对部下们说："我从成年起就和匈奴打仗，大大小小已经打了七十多仗了。大将军这次把我的部队调开，让我走那条迂曲遥远的路，偏巧又迷了路，这难道不是天意吗？我已经六十多岁了，岂能再受那些刀笔吏的侮辱。"说完，就拔剑自刎了。

李广手下的将士们痛哭流涕，如丧考妣。边地的百姓们听到李广自杀的消息，无论男女老幼全都流下泪来。

大将军卫青

大将军卫青是平阳县人，他的父亲郑季担任县吏，在平阳侯家里当差，和平阳侯的侍婢卫媪私通，生下了卫青。卫青小的时候从平阳侯家回到生父郑季家中，郑季就让他去放羊，郑季的正妻的儿子们都把他当做奴隶看待，经常辱骂欺负他。

卫青有一次跟人到甘泉宫，那里是囚禁犯法官员和他们家属的地方。当时，有一位颈上戴着铁枷的囚徒看了看卫青的面相后说："你是位贵人啊！以后可以封侯。"卫青笑着说："我能不挨打不受骂就已经心满意足了，哪里还敢想着封侯的美事呢？"

卫青长大后当了平阳侯家的骑士，跟随平阳公主。卫青的同母姐姐卫子夫也在平阳公主府中当歌女。有一次汉武帝去看望他的姐姐平阳公主，一眼就看中了卫子夫，随即把她召进宫中，立为夫人，卫青也因此被封为太中大夫。

公元前129年，匈奴南下侵犯汉朝。卫青善于骑马射箭，汉武帝就任命卫青为车骑将军，领兵前去讨伐匈奴。卫青带领将士们英勇作战，攻占了河南地区，一直打到陇西一带，共歼灭敌军几千人，获得牲口几十万头，还赶走了匈奴的白羊王和楼烦王。他们胜利的消息传到京城，汉武帝十分高兴，就封卫青为长平侯，还封了三千八百户的土地给他。从此，车骑将军的地位逐渐显赫起来。

公元前124年，汉朝派七位将军讨伐匈奴。卫青率领三万骑兵，从商阙出发，直击匈奴右贤王的部队。右贤王毫无防备，还以为汉军远在千里之外，便放纵地喝酒，喝得醉醺醺的。不料，汉军半夜从天而降，从四面八方冲过来围攻右贤王，右贤王又惊又怕，无力抵抗，只得带着几百个精壮骑兵，冲破汉军的包围，连夜向北逃去。这次战役捕获了右贤王手下的十多个小王，男女一万五千多人，牲口无数。卫青带领将士们满心欢喜地胜利回朝，而胜利的消息早就插上翅膀，飞到汉武帝的耳朵里。

卫青回到边塞，汉武帝已经派使者捧着大将军印等在那里，在军中封卫青为大将军，负责指挥出战的所有军队。回到京城后，汉武帝又下诏书加封六千户的土地给卫青，而且还要封他的三个儿子为侯。卫青得知后，入宫对汉武帝说："这是手下将士们拼死作战而得的功劳，怎么能让我还在襁褓中的儿子来接受封赏，无功受禄呢？请您收回命令吧！"汉武帝听了，非常满意。于是又按功劳大小分封了有功的将士们。

公元前119年，汉武帝决定派大军出击匈奴，给匈奴以狠狠的打击，大将军卫青、骠骑将军霍去病各带领骑兵五万前去攻打匈奴，他们身后还紧紧跟随着几十万步兵和运输部队。眼看着汉军就要赶来了，赵信为单于献计说："等汉军刚刚走出沙漠，人困马乏的时候，我们再出击，就能轻易地击败他们。"单于听从了赵信的计策，把全部的军用物资运往北方，自己带领一支精锐部队，在沙漠以北，排好阵势，准备迎击汉军。

大将军卫青带着部队走了一千多里来到这里，发现单于的部队已经列好阵势准备战斗了。他于是下令将战车环绕起来列成战阵，然后派出五千名骑兵去攻打匈奴兵，匈奴兵派出一万多骑兵迎战。

当时，太阳快要落山了，突然刮起大风，吹得沙子尘土乱飞，天地一下子变得浑浊起来，两军对面不相见。卫青命令手下分兵左右两翼，包抄单于的部队。单于见汉军兵多，士气旺盛，害怕打下去对自己不利，就在天快黑时，坐上六头骡子拉的车子，带上几百精壮的骑兵，突破汉军的包围，向西北方向逃去。

两军将士杀成一团，双方都伤亡很多。直到天黑之后，大将军卫青才从俘获的匈奴兵口中知道，单于早就逃走了，于是他立即派轻骑兵连夜追赶,一路上,只见匈奴兵四处逃散,一直追到天亮,走了二百多里,都没有抓到单于。

这次围攻歼灭了一万多敌军,获得了大批军粮。从此,朝廷又增设了大司马的职位,大将军卫青被任命为大司马。

匈奴单于连遭挫败,便远远地逃到沙漠以北去了。

骠骑将军

骠骑将军霍去病是大将军卫青的外甥，十八岁就受到汉武帝的宠信。他平常不爱说话，却很有魄力，机智聪明，敢做敢为。因善于骑马射箭，被武帝封为侍中官。

霍去病曾经跟随大将军卫青出征，他带领八百名精壮的骑兵，离开大将军的主力部队几百里去攻打匈奴，消灭了匈奴兵二千多人，其中包括匈奴相国、当户等官员，还活捉了单于叔父罗姑比。他的军功一再居于全军之首，因此被汉武帝封为冠军侯，奖赏他一千六百户的封地。

公元前121年春天，朝廷又任命霍去病为骠骑将军，率领一万骑兵从陇西郡出发去攻打匈奴。他率领士兵们深入匈奴境内，和匈奴部队短兵相接，结果获得了空前的胜利，杀死了折兰王和卢胡王，还俘获了浑邪王的儿子等一大批匈奴贵族，消灭敌兵八千多人，并缴获了休屠王祭天用的金人。汉武帝又加封他二千户的土地。

这年夏天，骠骑将军霍去病与合骑侯公孙敖一同从北地郡出塞，兵分两路向匈奴进军；博望侯张骞、郎中令李广则从右北平郡出塞，也兵分两路向匈奴进军。

这次出征，各位老将所指挥的士兵、马匹和武器装备等都不如骠骑将军，骠骑将军所统率的部队都是精选的。骠骑将军敢于深入敌境，常与精壮骑兵冲在主力大军的前面，所以能够取得战功。而且，他的部队好像总有天助，从来没有遇到什么大的危险。这一次出征，霍去病又立战功，朝廷又加封他食邑五千户。

这年秋天，匈奴浑邪王因为屡次被汉军打败，损失了几万名士兵，匈奴单于大发雷霆，要把浑邪王召来杀掉。浑邪王就与休屠王等商量，想投降归顺汉朝。他们派人到边境截住过往的汉人，让他们回去传递信息。

汉武帝得知消息后，担心这是浑邪王用诈降之计来袭击边境，便派骠骑将军前往接应。

骠骑将军率领部队渡过黄河，与浑邪王的部队遥遥相望。浑邪王的部将一看到汉军，很多人都不愿意投降了，纷纷逃跑。骠骑将军飞马跑进匈奴军营，与浑邪王会面，又杀了八千多个想逃走的匈奴人。他让浑邪王先去拜见汉武帝。然后，他带着浑邪王的军队，全部渡过黄河。当时投降的匈奴人有四万人。

公元前119年，骠骑将军霍去病和大将军卫青分道征讨匈奴。骠骑将军所率领的都是能征善战的精锐部队，从代郡出发，越过大漠，走了两千多里，沿途总共斩杀和捕获了敌军八万多人。

汉武帝曾经要霍去病学习孙、吴兵法，他回答说："打仗靠的是随机应变，不一定非要学古代兵法。"汉武帝为了奖励他，给他建造了一座富丽堂皇的大府第，让他亲自去看看这座豪宅的样子，他却对汉武帝说："匈奴还没有彻底消灭，我哪有心思考虑自己的家事啊！"汉武帝听后，从此更加喜爱他了。

可惜的是，这位赫赫有名的骠骑将军到了二十四岁的时候就病逝了，汉武帝为哀悼他，调发附属国的铁甲军，从长安到茂陵，排列成阵。还给霍去病修了一座外形像祁连山的大陵墓，以颂扬他抗击匈奴、保卫边疆的伟大功绩！

张骞通西域

匈奴经常侵扰大汉的边境，而汉军和匈奴多年交战，却始终没能降服或消灭他们，汉武帝为此十分苦恼。

有一天，汉武帝询问从匈奴投降过来的人有关匈奴的情况，他们说："单于打败了月氏王，用月氏王的头颅做酒杯。月氏人恨透了匈奴，但是又打不过匈奴，只好向西逃走了。"武帝听了这话，很想和月氏联合起来攻打匈奴。可是，大汉到月氏的路途艰险而遥远，还必须经过匈奴，武帝一时不知道应该派谁前去才好，于是采用大臣们的建议，张榜招募能担起这个重任的人。张骞应招，成为出使月氏的使者。

张骞带上在家中做仆人的匈奴人甘父和一百多名随从，从陇西出发，踏上了茫茫的出使之路。当他们途经匈奴的时候，不幸全被匈奴人抓住，送到单于那里。单于得知他们要出使月氏后说："月氏在我们北面，汉朝怎么能派使者去呢？如果我想出使越国，汉朝能允许我的使者通过吗？"于是扣留了张骞，一留就是十多年。在这期间，单于让他在匈奴娶妻生子，想通过这样，让他淡忘自己的使命。可是坚强而又有毅力的张骞始终保存着汉朝的使节，没有一刻忘记过自己的重任。

由于张骞为人宽厚，待人真诚，看守他的匈奴人都很喜欢他，对他的戒备越来越松了。张骞乘此机会和他的随从逃出匈奴，继续向月氏前进。一路上，风沙很大，又干旱少水，饥饿的时候，擅长射箭的甘父就射猎飞禽走兽来供应食物，他们历尽艰辛，到达了大宛。

大宛国的人们早就听说汉朝非常富足，想要和大汉交往，见了汉朝的使者张骞，就用隆重的礼节接待了他，并且还派出向导和翻译陪他一直走到康居国。康居国又从驿站转送他到了月氏。

月氏王被匈奴杀害以后，他的夫人被拥立为王，带领月氏国民向西边迁移，攻占了大夏国，并在那里住了下来。那里土地肥沃，物产富足，百姓们生活安定和平，很少有外族入侵。月氏王早就习惯了这种安定的生活，已经没有一点儿对匈奴的复仇之意。张骞虽然受到了月氏王的热情接待，但是，却始终没有得到月氏王结盟的承诺。

张骞在月氏呆了一年多，才动身回国。在途中，他又一次被匈奴人抓住了。又在匈奴住了一年多后，匈奴单于去世，国家内部由于争夺王位而发生动乱，张骞乘这个机会，带上他的匈奴妻子和儿子，和甘父一起逃回到汉朝。

这次出塞，张骞前前后后共花了十三年的时间，起初走的时候共有一百多人，回来时却只剩下了张骞和甘父两个人。张骞这次出行，到了大宛、月氏、大夏、康居四个国家，还听说了它们附近的五六个大国，他把这些都一一向汉武帝作了汇报。汉武帝见张骞一片忠诚，又历尽艰险，非常感动，就封他做了博望侯，又封甘父为奉使君。

从此之后，汉武帝常常向张骞询问有关西域那边国家的情况。张骞上奏武帝说："匈奴西边有个乌孙国，国王昆莫带领他的民众进攻其他的一些小国，实力越来越强，如果我们大汉能送给他们一批厚礼，吸引他们向东迁移，和他们结成兄弟国家，那么，就等于砍断了匈奴的一只手臂。而且，和乌孙联合了，它西边的国家也可以招引过来，臣服于我们大汉！"武帝觉得张骞很有战略眼光，就派他率领三百人，数名副使，带上价值千万的钱财帛物，出使乌孙。

到达乌孙后，张骞将出使乌孙的目的告诉国王昆莫说："如果乌孙能够向东迁移，汉朝将嫁一位公主做您的夫人，并和你们结为同盟。”乌孙国离汉朝太远，君臣们都不知道汉朝的大小，而大家又都很怕匈奴，都不愿搬家，所以昆莫沉默了半天，也不敢自作主张向张骞做出允诺。张骞见一时也不可能和昆莫达成什么协议，就准备回国了。乌孙王为他派了向导和翻译，又派了几十个答谢的使者同张骞一起回去。

张骞回国之后，过了一年就与世长辞了，但他出使西域的功绩却永远留在了光辉的史册之上。从此以后，西域各国才开始和汉朝相互往来。

大宛良马

汉朝使者自张骞之后，出使西域的越来越多。有些很早就出使大宛的使者回来对汉武帝说："大宛的好马藏在贰师城中，不肯给大汉的使者。"汉武帝非常爱马，尤其喜爱大宛的汗血宝马。他听了使者的话后，很欢喜，立刻派善于相马的人，带上千斤黄金和用黄金铸成的马，前去和大宛人交换贰师的好马。

大宛在这个时候已经和大汉交往了好多年，有了汉朝的很多东西，对汉朝的财物再也没有了珍奇的感觉。他们都明白，汉朝到大宛路途又远又险，汉朝使者们从盐泽来的死亡过半，从北边来的又会遇到匈奴的侵扰，从南边来又缺少水和粮食。汉朝没有办法派大军前来讨伐，于是，他们根本不把强大的汉朝放在眼里。

汉朝使者到了大宛后，说明了来意，大宛国王却傲慢地说："贰师城里的马是大宛的宝马，不能轻易换给汉朝使者。"使者们对国王的傲慢十分生气，不仅大声地责骂大宛国王，还捶坏了金马，很不高兴地绝交而去。大宛贵族们也很生气，说："汉朝的使者太轻视我们了！"于是，大宛王命令东边的郁成国杀了汉使者，抢走了所有的财物。

汉武帝听说了这件事，生气极了，决定派兵征讨大宛，夺取宝马。几位曾经出使大宛的人都认为大宛兵力弱小，汉朝只需派遣三千军队就可以大获全胜。武帝以前命浞野侯攻伐楼兰国的时候，浞野侯也只用了七百骑兵就破了楼兰，所以武帝也认为三千兵力完全能够踏平大宛。于是，他命李广利为贰师将军，派出骑兵六千名，以及郡国游手好闲的少年几万人，去攻打大宛。

贰师将军向西进军，途经盐泽，沿途的那些小国都很害怕汉兵，坚守城池，不肯给汉兵供应粮食。汉兵远道而来，缺少军粮，只得攻城夺粮，有时候几天都攻不下一个城池，战争和饥饿一直紧紧围绕在他们周围，等他们到达郁城的时候，死去的士兵已过大半，留下来的也早就又饿又累，没有了战斗力，想攻打郁城最终反而被郁城的军队打得七零八落。贰师将军和部将们商量说：“像郁成这样的小国都攻不下来，更不用说大宛了！”于是决定退兵，又经过长时间艰难的行军，剩下不足原来的十分之一二的汉兵们终于回到了敦煌。贰师将军上书武帝说：“去大宛路途很远又缺少食物，军队最担心的不是打仗，而是饥饿啊！如今汉兵太少，军粮不足，希望能暂时退兵，休整一段时间后再去攻打。”武帝看完后非常生气，就派使者到玉门关阻拦，不让贰师将军的军队入关。贰师将军很害怕，只好率军留在敦煌。

正在这个时候，匈奴大肆侵扰汉朝边境，使浞野侯损失了两万多将士。朝中有些大臣们希望能停止攻打大宛，全心全意去对付匈奴。汉武帝说：“小小的大宛都不能攻下，那些周围的大夏等国都会看轻我们大汉，大宛的良马也不会送到大汉，就连乌孙、轮台等国也会欺侮大汉的使者了，我们大汉绝不能被它们耻笑！”于是，汉武帝惩办了那些主张停止攻打大宛的大臣，大赦天下的囚犯，增派了很多亡命之徒和边疆的骑士到敦煌，使兵力达到六万多人，又征发了天下的罪犯去为军队运送粮草。还派了两名相马官随大军前进，准备在攻下大宛后挑取良马。

一切都准备好之后，汉武帝命令贰师将军李广利从敦煌出发，再次去攻伐大宛。贰师将军带领大军，浩浩荡荡地向大宛前进。沿途小国见汉军势力强大，都不敢抵抗，纷纷出城欢迎汉军，并拿出粮食供应军队。只有轮台国不肯归服，汉军于是攻杀进城，几乎杀死了所有的轮台人。汉军长驱直入，很顺利地到达了大宛。

大宛国王得知汉军快要来了，就自傲地对部下说：“汉军长途行军而来，肯定很劳累，我们就乘他们刚刚到来，去打他个措手不及！”

汉军刚到大宛城下，大宛兵全军出动，迎击汉军，却没想到汉军一路走得顺利，粮草丰足，抵达大宛的士兵都士气旺盛。大宛兵很快就被汉军的强弓硬弩杀得人仰马翻，死亡惨重，他们赶忙收兵回城，不敢再战。汉军将大宛城围得水泄不通，贰师将军下令让水工们断了城中的水泉，使得城中军民口渴极了，受尽折磨，汉军再乘机日夜猛攻，打破了大宛外城。大宛兵纷纷退入内城继续防守。

大宛的贵族们见外城已经被攻破，情况十分危急，就商量说："汉兵攻打大宛的原因，是因为国王藏起了良马，杀了汉朝的使者，如果我们杀了国王，献出良马，应该可以解除围攻，如果这样还是不能使汉朝退兵，那我们再和他们拼个你死我活！”

于是他们共同杀了大宛国王，割下头颅献给贰师将军，说："你们如果不攻打我们，我们就献出所有的良马任你们挑选，并为你们供应充足的粮食，如果一定要打，我们将杀死所有的良马和你们决一死战，到时康居国的救兵一到，你们就会被内外夹击！”

贰师将军召集部将，通过再三商议，认为汉军远道而来，长时间作战会很不利，还是退兵为好，于是答应了大宛的请求。

大宛献出贰师城里的所有好马，任凭相马官挑选；又拿出充足的粮食，供汉军退兵回去的路上食用。贰师将军挑选了几十匹良马和三千多匹中等马，然后又拥立对汉朝使者很友好的大宛大将昧蔡当大宛国王，双方缔结了盟约，汉军这才班师离开。

贰师将军随后又去攻打郁城国，郁成王逃到康居国。康居王听说汉军勇敢善战，不敢留郁成王，就将他献给了汉军将领，汉军将领怕他再次逃走，就将他斩杀了。

汉军大败大宛，西域震恐，各小国纷纷向汉朝表示臣服。

苏武牧羊

匈奴自从给卫青、霍去病打败以后，双方有好几年没打仗。他们口头上表示要跟汉朝和好，实际上还是随时想进犯中原。

匈奴的单于一次次派使者来求和，可是汉朝的使者到匈奴去回访，有的却被他们扣留了。汉朝也扣留了一些匈奴使者。

公元前100年，汉武帝正想出兵打匈奴，匈奴派使者来求和了，还把汉朝的使者都放回来。汉武帝为了答复匈奴的善意表示，派中郎将苏武拿着旄节，带着副手张胜和随员常惠，出使匈奴。

苏武到了匈奴，送回扣留的使者，送上礼物。苏武正等单于写个回信让他回去，没想到就在这个时候，出了一件倒霉的事儿。

苏武没到匈奴之前，有个汉人叫卫律，在出使匈奴后投降了匈奴。单于特别重用他，封他为王。

卫律有一个部下叫做虞常，对卫律很不满意。他跟苏武的副手张胜原来是朋友，就暗地跟张胜商量，想杀了卫律，劫持单于的母亲，逃回中原去。张胜很表示同情，没想到虞常的计划没成功，反而被匈奴人逮住了。单于大怒，叫卫律审问虞常，还要查问出同谋的人来。

苏武本来不知道这件事。到了这时候，张胜怕受到牵连，才告诉苏武。苏武说："事情已经到这个地步，一定会牵连到我。如果让人家审问以后再死，不是更给朝廷丢脸吗？"说罢，就拔出刀来要自杀。张胜和随员常惠眼快，夺去他手里的刀，把他劝住了。

虞常受尽种种刑罚，只承认跟张胜是朋友，说过话，拼死也不承认跟他同谋。

卫律向单于报告。单于大怒，想杀死苏武，被大臣劝阻了，单于又叫卫律去逼迫苏武投降。

苏武一听卫律叫他投降，就说："我是汉朝的使者，如果违背了使命，丧失了气节，活下去还有什么脸见人。"又拔出刀来向脖子抹去。卫律慌忙把他抱住，苏武的脖子已受了重伤，昏了过去。

卫律赶快叫人抢救，苏武才慢慢苏醒过来。

单于觉得苏武是个有气节的好汉，十分钦佩他。等苏武伤痊愈了，单于又想逼苏武投降。

单于派卫律审问虞常，让苏武在旁边听着。卫律先把虞常定了死罪，杀了；接着，又举剑威胁张胜，张胜贪生怕死，投降了。

卫律对苏武说："你的副手有罪，你也得连坐。"

苏武说："我既没有跟他同谋，又不是他的亲属，为什么要连坐？"

卫律又举起剑威胁苏武，苏武不动声色。卫律没法，只好把举起的剑放下来，劝苏武说："我也是不得已才投降匈奴的，单于待我好，封我为王，给我几万名的部下和满山的牛羊，享尽富贵荣华。先生如果能够投降匈奴，明天也跟我一样，何必白白送掉性命呢？"苏武怒气冲冲地站起来，说："卫律！你是汉人的儿子，做了汉朝的臣下。你忘恩负义，背叛了父母，背叛了朝廷，厚颜无耻地做了汉奸，还有什么脸来和我说话。我决不会投降，怎么逼我也没有用。"

卫律碰了一鼻子灰回去，向单于报告。单于把苏武关在地窖里，不给他吃的喝的，想用长期折磨的办法，逼他屈服。

这时候正是入冬天气，外面下着鹅毛大雪。苏武忍饥挨饿，渴了，就捧了一把雪止渴；饿了，扯了一些皮带、羊皮片啃着充饥。过了几天，居然没有饿死。

单于见折磨他没用，把他送到北海（今贝加尔湖）边去放羊，跟他的部下常惠分隔开来，不许他们通消息，还对苏武说："等公羊生了小羊，才放你回去。"公羊怎么会生小羊呢，这不过是说要长期监禁他罢了。

苏武到了北海，旁边什么人都没有，唯一和他做伴的是那根代表朝廷的旌节。匈奴不给口粮，他就掘野鼠洞里的草根充饥。日子一久，旌节上的穗子全掉了。

一直到了公元前85年，匈奴的单于死了，匈奴发生内乱，分成了三个国家。新单于没有力量再跟汉朝打仗，又打发使者来求和。那时候，汉武帝已死去，他的儿子汉昭帝即位。汉昭帝派使者到匈奴去，要单于放回苏武，匈奴谎说苏武已经死了。使者信以为真，就没有再提。

第二次，汉使者又到匈奴去，苏武的随从常惠还在匈奴。他买通匈奴人，私下和汉使者见面，把苏武在北海牧羊的情况告诉了使者。使者见了单于，严厉责备他说："匈奴既然存心同汉朝和好，不应该欺骗汉朝。我们皇上在御花园射下一只大雁，雁脚上拴着一条绸子，上面写着苏武还活着，你怎么说他死了呢？"

单于听了，吓了一大跳。他还以为真的是苏武的忠义感动了飞鸟，连大雁也替他送消息呢。他向使者道歉说："苏武确实是活着，我们把他放回去就是了。"

苏武出使的时候，才四十岁。在匈奴受了十九年的折磨，胡须、头发全白了。回到长安的那天，长安的人民都出来迎接他。他们瞧见白胡须、白头发的苏武手里拿着光杆子的旌节，没有一个不受感动的，说他真是个有气节的大丈夫。

袁盎的故事

袁盎字丝，楚地人。他的父亲曾经伙同他人做过强盗，后来迁居安陵后，才改恶从善。吕后时期，袁盎是吕禄的家臣。到孝文帝即位时，袁盎的哥哥袁哙才保举他当了个中郎。

当时是绛侯周勃做丞相。每次退朝后周勃都大步流星地走出宫门，很是得意。而文帝对周勃也十分恭敬，常常是亲自送他。袁盎见此情景心中不满，就故意问文帝："陛下认为丞相是一个什么样的人？"

文帝回答说："是捍卫社稷的重臣。"

袁盎说："我认为降侯只是所谓的功臣，而不是社稷之臣。社稷之臣应是君在则与君同在，君亡则与君同亡。吕后专权的时候，众吕氏把持朝政，擅自封王，刘氏的江山，就如同一根细丝般摇摇欲断。那时正是绛侯当太尉，掌握着兵权，但他没有匡扶、挽救王室的任何举动。到吕后死后，大臣们共谋反对众吕氏，他只是和大家一起摧毁众吕氏，所以绛侯只是国家的功臣，而不是社稷之臣。现在丞相对主上表现出骄矜之色，皇上对他又一味地恭敬退让，实在是有失礼节啊！我认为皇上大可不必如此。"

后来，在上朝的时候，文帝逐渐威严起来，丞相周勃也就比较敬畏了。过了些时候，绛侯埋怨袁盎说："我和你哥哥素来要好，如今你却在朝廷上诽谤我，你怎么可以这样？"袁盎正气在身，始终没有向周勃道歉。

后来，降侯周勃被免除丞相的职务，回到自己的封国。不久，封国中有人上书告发他谋反，文帝把他打入天牢，宗室的王公大臣们都不肯替他说情,只有袁盎上书说明绛侯周勃是被人诬陷的。绛侯最后能被释放,袁盎出了很大的力。绛侯这才和袁盎结成深厚的友谊。

淮南王的举止一向十分骄横,在朝见文帝时也是这样。袁盎就此向文帝劝谏说:“诸侯王的权势太大又骄横，必然要发生祸患。为了避免这种情况的发生，皇上应该给诸侯一定的责罚，削减他们的地盘。”文帝念及各诸侯都是自己的亲兄弟,没有采纳袁盎的意见。可是由于没人节制,淮南王越来越专横了。等到棘蒲侯柴武的太子准备谋反的事被发觉，牵连到淮南王，文帝就把淮南王召到京城，准备把他放逐到蜀地去。袁盎当时担任中郎将，又对文帝建议道:“对淮南王的处罚太重了！陛下一向骄宠淮南王，不加一点节制，以至于落到现在这个地步。如今又突然用这么强暴的手段去惩罚他，而淮南王为人刚愎自用，万一遭受风寒而死在半路上，陛下就会被认为容不下自己的兄弟，落得个杀弟的恶名。”文帝不听,还是把淮南王放逐了。

果然不出袁盎所料，淮南王由于心情郁闷，到雍州的时候就病死了。皇上听了这个消息，不吃不喝，哭得很是哀恸。文帝对袁盎说:“不听你的意见，才出现这种情况啊！”袁盎对文帝说:“陛下大可不必如此自责,您有三样高出世人的行为,这件事并不足以毁了您的名声。首先,您在代国的时候,太后病了三年,您不曾合眼,也不曾解衣就寝,凡汤药不是您亲口尝过的,都不准奉给太后。曾参作为平民,尚难做到,而作为君王的您却做到了,比起曾参的孝来那是超过得太多了。其次，诸吕当权时，大臣们独断专行,而您不惧危险从代国来到深不可测的京师,就是孟贲、夏育那样的勇士也比不上您。您到了代王官邸,面向西一再地让天子位，面向南再三地让天子位。许由只让了一次，而陛下却让了五次，超过许由有四次之多啊！再说您放逐淮南王，为的是要他劳苦心志，使他改过自新。只是由于官吏护卫得不够严谨，他才病死的，这怎么能怪您哪？”文帝听袁盎这样说，才感到宽慰了许多，并册封了淮南王的三个儿子为王。袁盎也因此在朝中名声大振。

有一次，皇后和慎夫人陪同文帝到上林苑游玩。皇后和慎夫人情同姐妹，在宫中时她们常常同席而坐。等到苑中就坐时，苑中侍卫布置好席位，而袁盎却把慎夫人的坐席拉退了一些。慎夫人看到这样，生气不肯坐。文帝也生气，站了起来。回到宫中，袁盎对文帝解释："我认为尊卑有序，上上下下才能平和安乐。如今陛下已经确立了皇后，慎夫人，只不过是个妾，妾和主难道可以同席而坐吗？同坐就失去尊卑顺序了。陛下宠幸慎夫人，可以给丰厚的赏赐。陛下因为慎夫人生气而离开回宫，其实是害了她啊！"文帝听了他的解释高兴起来，叫来慎夫人，把袁盎的话告诉她。慎夫人也明白了袁盎的良苦用心，赏赐给袁盎黄金五十斤。

袁盎因多次直谏而出名，也因直谏而得罪了许多人，后来被贬为陇西郡都尉。但他对士兵仁厚宽爱，士卒都很拥戴他。

袁盎任陇西都尉不久，升任齐国丞相，又改任吴国丞相。在去赴任之前，他的侄儿袁种对他说："吴国向来十分骄横，国中又有许多奸诈的人。现在你到吴国去做丞相，如果想通过弹劾奸党的办法来治理吴国，那么他们要么诬告你，要么会派刺客杀死你。南方地势低洼潮湿，你就最好喝酒装糊涂，不要太管事，时常劝说吴王不要造反就行了。只有这样你才会平安无事。"

袁盎听信侄儿的话，到吴国后，整天饮酒装疯，不太干涉吴国的政务，因此吴王十分优待袁盎。

过了不久，袁盎请假回家，在路上遇到了汉相申屠嘉，立即下车行礼拜见，而申屠嘉只在车上挥挥手表示答谢。袁盎回到家中，感到被怠慢了。于是到相府，要求进见申屠嘉，申屠嘉过了很久才出来见他。袁盎要求能单独会见他。申屠嘉说："假如你说的是公事，就请到官署商议，我再把你的意见上报皇上；如果是私事，我是不接受私下密谈的。"

袁盎就跪下劝说道："作为丞相，你和陈平、降侯相比，怎么样呢？”

申屠嘉说：“我不如他们。”

袁盎说：“好！连你自己都说比不上他们。陈平、降侯辅佐高祖刘邦平定天下，才当上将相。后来又诛杀诸吕，保全了刘氏天下。你仅仅是个武士，积累功劳做了淮阳郡守，并没有攻城夺地的战功。再说陛下从代国来，每次接见群臣，没有不停下车来听取他们意见的。凡是不能采用的，就放在一边；可以接受的，就采纳了，从来没有说过建议不好的。这是为什么呢？就是想用这种办法招纳天下贤明的士大夫。皇上每天听到以前没听过的事情，明白以前所不明白的道理，也就一天比一天圣贤明智。你现在自己封闭天下人的口，就会一天比一天愚蠢。愚蠢的丞相辅佐圣明的君主，你遭受灾祸的日子就不远了。”申屠嘉这才恍然大悟，把袁盎让到上座，向他拜了两拜道：“我是个愚蠢粗野的乡下人，不知礼数，多谢将军教诲。”从此申屠嘉把袁盎当作他最尊贵的客人。

文帝朝中有一个叫晁错的人十分奸诈，袁盎很不喜欢他。以至晁错在什么地方坐，袁盎就绝不在那里出现。两人从没有在一起说过话。晁错也十分讨厌袁盎。后来景帝登基后，晁错当了御史大夫，派人诬告袁盎收受吴王的贿赂，把袁盎贬为了庶人。

吴楚造反后，晁错便想借机把袁盎除掉。有人把这个消息告诉了袁盎。袁盎听说后十分害怕，便连夜去见窦婴，向他陈说吴王反叛的原因，并希望能够到景帝面前亲口对质。窦婴入宫报告了景帝，景帝就让袁盎入宫晋见。袁盎就向景帝详细说明了吴王反叛的原因，主要是因为晁错提出要削减各藩王封地的缘故，只有尽快杀了晁错向吴王认错，吴楚才能罢兵。景帝听信了袁盎的话，斩了晁错。任命袁盎为太常，窦婴为大将军。袁盎、窦婴素来关系十分密切，朝中的大臣都争着依附他俩，每天拜见的马车就有几百辆。

景帝杀了晁错后，派袁盎出使吴国，劝吴王投降罢兵。吴王不听，他知道袁盎是个有智谋的军事人才，便想让袁盎投靠他，袁盎不肯，吴王便想杀了他。吴王派一名都尉带五百人把袁盎围困起来，看守袁盎的司马是他从前的部下，他对袁盎说："吴王要杀你，你快逃吧！"于是用刀割开军营的帐幕，让袁盎逃走。袁盎回朝后，便向景帝报告了吴国反叛的情况。

吴楚叛军被消灭以后，袁盎被任命为楚国的丞相。他多次向楚王上书奏事和进言，但楚王都不采纳他的意见，袁盎便称病在家闲居。不过景帝还是常常派人向他问计。梁王知道景帝宠爱袁盎，便请求袁盎向景帝推荐自己做皇位继承人，但袁盎并没有向景帝推荐梁王。梁王因此怨恨袁盎，派人刺杀袁盎。第一个刺客不忍下手，告诉了袁盎，并要袁盎小心还会有人来行刺，袁盎从此十分不安。一次占卜回来，果然被梁王刺客杀死，暴尸于安陵城外。

司马迁写《史记》

苏武出使匈奴的第二年，汉武帝派贰师将军李广利带兵三万，攻打匈奴，打了个大败仗，几乎全军覆没，李广利逃了回来。李广的孙子李陵当时担任骑都尉，带着五千名步兵跟匈奴作战。单于亲自率领三万骑兵把李陵的步兵团团围困住。尽管李陵的箭法十分好，兵士也十分勇敢，五千步兵杀了五六千名匈奴骑兵，但是匈奴兵越来越多，汉军寡不敌众，后面又没救兵，最后只剩了四百多汉兵突围出来。李陵被匈奴逮住，投降了。

李陵投降匈奴的消息震动了朝廷。汉武帝把李陵的母亲和妻儿都下了监狱，并且召集大臣，要他们议一议李陵的罪行。

大臣们都谴责李陵不该贪生怕死，向匈奴投降。汉武帝问太史令司马迁，听听他的意见。

司马迁说："李陵带去的步兵不满五千，他深入到敌人的腹地，打击了几万敌人。他虽然打了败仗，可是杀那么多的敌人，也可以向天下人交代了。李陵不肯马上去死，准有他的主意。他一定还想将功赎罪来报答皇上。"

汉武帝听了，认为司马迁这样为李陵辩护，是有意贬低李广利（李广利是汉武帝宠妃的哥哥），勃然大怒，说："你这样替投降敌人的人强辩，不是存心反对朝廷吗？"他吆喝一声，就把司马迁下了监狱，交给廷尉审问。

审问下来，把司马迁定了罪，应该受腐刑（一种肉刑）。司马迁拿不出钱赎罪，只好受了刑罚，关在监狱里。

司马迁认为受腐刑是一件很丢脸的事，他几乎想自杀。但他想到自己有一件极重要的工作没有完成，不应该死。因为当时他正在用全部精力写一部书，这就是我国古代最伟大的历史著作——《史记》。

原来，司马迁的祖上好几辈都担任史官，父亲司马谈也是汉朝的太史令。司马迁十岁的时候，就跟随父亲到了长安，从小就读了不少书籍。

为了搜集史料，开阔眼界，司马迁从二十岁开始，就游历祖国各地。他到过浙江会稽，看了传说中大禹召集部落首领开会的地方；到过长沙，在汨罗江边凭吊爱国诗人屈原；他到过曲阜，考察孔子讲学的遗址；他到过汉高祖的故乡，听取沛县父老讲述刘邦起兵的情况……这种游览和考察，使司马迁获得了大量的知识，又从民间语言中汲取了丰富的养料，给司马迁的写作打下了重要的基础。

以后，司马迁当了汉武帝的侍从官，又跟随皇帝巡行各地，还奉命到巴、蜀、昆明一带视察。司马谈死后，司马迁继承父亲的职务，做了太史令，他阅读和搜集的史料就更多了。

在他正准备着手写作的时候，就为了替李陵辩护得罪武帝，下了监狱，受了刑。他痛苦地想：这是我自己的过错呀。现在受了刑，身子毁了，没有用了。

但是他又想：从前周文王被关在羑里，写了一部《周易》；孔子周游列国的路上被困在陈蔡，后来编了一部《春秋》；屈原遭到放逐，写了《离骚》；左丘明眼睛瞎了，写了《国语》；孙膑被剜掉膝盖骨，写了《兵法》。还有《诗经》三百篇，大都是古人在心情忧愤的情况下写的。这些著名的著作，都是作者心里有郁闷，或者理想行不通的时候，才写出来的。我为什么不利用这个时候把这部史书写好呢？

于是，他把从传说中的黄帝时代开始，一直到汉武帝太始二年（公元前95年）为止的这段时期的历史，编写成一百三十篇、五十二万字的巨大著作《史记》。

司马迁在他的《史记》中,对古代一些著名人物的事迹都作了详细的叙述。他对于农民起义的领袖陈胜、吴广,给予高度的评价;对被压迫的下层人物往往表示同情的态度。他还把古代文献中过于艰深的文字改写成当时比较浅近的文字。人物描写和情节描述,形象鲜明,语言生动活泼。因此,《史记》既是一部伟大的历史著作,又是一部杰出的文学著作。

司马迁出了监狱以后,担任中书令。后来,终于郁郁而终。但他和他的著作《史记》在我国的史学史、文学史上都享有很高的地位。

读书笔记

____年____月____日